素黑心語02

好好愛自己

第二回

最大的愛，原是原諒和放生。

素黑

目錄

自序

我們是彼此的鏡子

今年四、五月在全國巡迴演講旅途上，收到不少令我震動的讀者回饋。

北京中關村圖書大廈分享會後，一位讀者上前衷心感動地說：「謝謝你的書，這些年來讓我一直很快樂。」

武漢大學演講後，有讀者在我的微博留言：「你的氣息你的文字，讓游離於生命邊緣的人可以洞穿生命，回歸內在，重新認識自己，借力整合沒有支點的自己。謝謝你。」

湖南大學演講後，一位讀者上前感謝我，說她的一位抑鬱症朋友本來想自殺，讀了我的書後，決定不自殺了。我請她代轉朋友，他應該感謝他自己，因為他給予自己重生的機會，珍惜生命好好活。

長沙百頤堂演講後，一個笑得很美的女生跟我說：「我喜歡你十年了，也因此喜歡上自己十年了。」

廣州華南師範大學演講前，主持人同學告訴我，一位心理學教授曾向他們推薦過兩本書，一本是艾克哈特．托勒的《當下的力量》，另一本是我的《一個人不要怕》（即香港版《最放不下愛》和《出走，是為了愛》的合併版）。

演講後，一位女生給我一張明信片，上面寫著：「在我負能量超越正能量時，讀了你的幾本書，非常感激你沉澱溫暖的文字，讓我慢慢安靜下來，尋回自己的正能量。素黑同學的話不是讀一次看一次就能明白，只有當你經歷過體驗過後，才會理解其中的意思。我經過這幾年的修養，終於明白素黑所說『愛情只是入口，出口是更大的愛』的真意義了。」

另一個同學在微博上留言：「今晚認識了一個叫素黑的女人。不能說她會影響我的一生吧，但至少，我會向她學習好好愛自己。」

還有這個他留言：「謝謝你的文字，帶我走出死執與傷害，我現在很平靜。」

北京師範大學珠海分校演講會後，一個男生上前給我遞了親身寫的信，其中說：「感謝生命，讓我在戀愛前讀到素黑。我能理解你書裡寫關於慈悲、放下、自愛、自由……但我更需要去實踐。是你告訴我如何去發現，接下來，我要自己去發現。」

江門五邑大學演講後，一個女生給我寫信說：「每個人心中，都有一個叫『素黑』的自己。謝謝你教我學會更加愛自己。」

有讀者用「好好愛自己」的中文拼音，作為郵址的名字。

有讀者用我寫過的自愛心語，作為微博名字和手機開機語。

假如素黑是一種現象，那便是願意學習自愛的現象。

假如我的人、我的文字能為人帶來一點正能量的話，那應是讓人重新檢閱自己，愛自己，由自愛到大愛的能量。

每次演講時，我都先請觀眾別顧著提起手機拍素黑，我的在，我的來，是讓他們不再用手機屏幕疏離看人看世界，而是重新學習眼對眼、面對面，親密看人看自己。

我們都是彼此的鏡子。

我不是甚麼人，我只是一面鏡子，讓你看見你自己而已。

然後，謙虛上路，觀照一切的發生。

我就是這樣觀看自己愛自己，活過第四十三個悲歡離合的年頭。

感恩還能活著，眼看花開花落。

你也可以。

素黑

二零一二年五月

每個人都有過去。

看看鏡中這個你，問自己：當人生路已走了不少段落，歲月不饒人時，還不好好面對自己，寵愛自己多一點的話，你還要等到何時何年呢？

歲月等得了，人卻等不了。

愛情、婚姻、工作上的困擾都是假問題，或者是次問題，最根本的問題永遠源於自身。是自己跟自己相處不好，不懂得如何保護自己，照顧自己，愛自己，胡亂建立關係，貪奪愛，製造痛苦，回憶頓成殺手。

戀愛是一個階段，婚姻也是一個階段，愛自己卻是永恒階段，一生一世，一人享受和承擔。

當你還未學懂如何接收愛，甚至認不出愛，不知道愛從來環繞你身邊時，哪有餘地容人容己，讓人愛你？

我們不是得不到愛情，只是錯過了。

萬事都有出路。為自己保留能量，不會胡亂因愛之名為誰揮霍為誰亡，照顧自己的情緒，已經很安全，很自愛。

回憶能讓現在的生命微笑，才算沒有白活過。

你還等甚麼？

向內望，回歸內心，愛就在裡面。

情愛

我們不是得不到愛情，只是錯過了。

想獲得愛情，感受活在安全感裡，必須先熱愛生命。

不要害怕愛，勇敢地等待和經歷她。

真正的愛，是因為對方的存在而希望自己變得更好，而不是相反。

假如有一個人的出現，能讓你發現生命的新方向，變得無私，充滿感謝，不留佔有，珍重分享的話，很好，你真正戀愛了，這是優化生命的愛情，超越男女情慾。

問題不會在愛裡。

存在的核心不只為活著，還需要分享愛。

要照顧好一個人，不能光有心意便足夠。

戀上一個人太容易，但戀愛流產更容易，假如你沒有先安頓好自己的話。

愛不需要計劃，但沒有計劃便不能相處。

愛並不只是感覺，它是實實在在的相處生活。

愛是虛的，當無法在生活中得到溫暖和安慰的話。

有選擇才是愛情最大的煩惱。

兩個人在一起，需要互相配合彼此的改變，別希望對方不變遷就自己的停滯。

愛是純粹的，相處卻是關係，但凡關係就是管理學的大問題。

有激情就有力量。人的墮落，從殺掉激情開始。

不再帶著激情的感情關係只剩下關係，失去感情。

愛情到底是甚麼不好界定，正如活著為甚麼一樣。但我們知道優質的愛情可以是甚麼，就是能讓彼此在對方面前放鬆，做回自己，且能互相尊重和良性影響，把童真活出來，願意改善弱點，愛得比一個人時更快樂、幸福和進步。

單靠自己，很難看到自己的能力和強弱項，因為我們天生有保護和維護自己的本能。一個人看自己容易盲目，不知自己的情感脆弱面和堅強度。通過和另一個有血有肉、擁有不同情緒和性格的人相處，磨合關係，付出和分享，最真實的自己和對方便會浮現。

原來人都承受不起所謂完美，正因為我們擁有太多慾望，同時知善惡，被道德束縛，所以越是完美的伴侶，越教你承受不起。

感情要是建立在生活層面的諸多計較上，便容易降溫，甚至變淡，成為習慣，失去激情。

貼心關愛，放下自我，純粹付出，堅定不移，這種質量的愛，值得被維護和學習。

愛情是一種藝術，若你硬性追求說得清清楚楚，明明白白的戀愛宣言，那便沒戲了。

不要問愛能維持多久，應該問你願意用心用行動愛多久。

感情是要隨緣的，別勉強。

你可以愛得更好更動人。

我們應尊重對方的初戀記憶。

感情不是跟著感覺、憑直覺走便行，更不是立心先愛下去甚麼都不管便能順利。

愛和生活，本來就應該簡單美好地結合。家庭、事業、愛和夢，是可以相親相愛地並存的。

愛是排遣孤獨的身心需要，因為孤獨在生命進化上並不有利，孤獨的生命比群體的生命更脆弱，容易受襲或早夭。

愛是讓生命與生命之間融合的橋樑，讓生命互相照顧、關愛、支持和延續。能達到這些效果，需要激素、催化劑，愛在此起了神奇的功能。

戀愛就像參加自我成長的課程，學習自我認知和認受。

先懂得為自己尋找一條路，安放好自己，追求在戀愛以外其他有意義的事情，你的心才能強壯起來，處理萬變，有條件和本錢去戀愛。分散戀愛的精力，才能看穿自己和愛人之間的問題。

有愛情的人比沒愛情的人眼裡多一重閃亮的光芒，能投入愛情而平衡的人，才是真正的年青，在他們身上看不到歲月的痕跡。

在戀愛中的人生命力最強。

戀愛最有價值的地方，便是讓我們更認識自己，更進一步改善自己，提升生命素質。

愛不應只花時間去質疑或猶豫，而應決心嘗試和行動。

愛的終站不是為找到完美，而是在行愛的過程中明白活著的意義。

完美的愛是放下自我，是終極的自由和喜樂，讓生命看到方向，在傷害、喜悅、責任和希望中看到美，給我們勇氣走過去。

我們毋須求證愛的真假對錯，但我們需要愛的信念才能活得有意思。

愛的呈現有很多層次，其中有兩種最強大的狀態，一是無條件的喜悅，這是情感的層次；二是無條件的奉獻，這是行動的層次。

向內望，回歸內心，愛就在裡面。

愛，從來越簡單越有效果。

愛可以很堅定，感情卻很脆弱，經歷七情六慾的變化，受情緒起伏影響，還有潛意識的擺佈，身不由己，活在時間裡。也因為這樣，死執的情感是屬於過去和未來，失控的卻是當下。

戀愛是一種生活方式，還有其他生活方式在等著自己去實現和發掘，這樣的人生才有更多正面意義。

我們愛得虛弱和無助，正因為混亂的心太虛弱。愛不會發生在損壞虛弱的心裡，也不可能發生在既精密，又糊塗，且自以為是的分裂腦袋裡。

愛的想像比行動更容易。一句我愛你，動聽但無力。

我們可以不明白愛的意義，卻天生需要愛，證明我們其實毋須先明白愛是甚麼、活著的意義，不用找到最穩靠的答案，才肯去愛，才去生活。

光有愛是不夠的，因為愛侶更多要面對和接受的挑戰，是如何去體察對方的需要和感受。假如雙方對愛的信念不夠強壯的話，已經足夠毀壞愛。

兩個人一起走，需要配合彼此的步履，同時也要照顧彼此的感受。

無知不是理由，更不是藉口。害怕知道真相，無法成功戀愛。

負責任的愛是量力而為，選擇承擔真相和感受。

正面的愛情，是在充份互相了解和共識下才能發生的，

光有感情不足以維持一段愛情。

愛是很具體的生活、心靈、時間和物質的分享，說白一點，就是能投入關係中的質和量，不是光一個愛字，或者不負責任地要對方先信任你。

兩個人在一起是否和諧，需要很大的緣份，但更關鍵是生活上能互相磨合，才有開花的機緣。愛的具體是生活，不能只停留在概念思考理論，或玄妙的心靈感應徵狀。愛情讓愛侶有機會正視和接受自己的正負面，尋找改善，體驗進化。在這意義下，愛情發揮了非常圓滿的人生修養功能。

要自私還是大方，是一種選擇，也別無選擇，這是愛的自由和限制。

細緻的愛的其中一個條件，是懂得照顧對方的感受，不只是起居生活。

成熟的戀人，是對自己向伴侶種下的合理期望負責任，即使無法實現，也應交代，照顧對方的感受，避免傷害。

兩個人走在一起有不同程度的原因，淺層次的原因是人很脆弱，害怕寂寞孤單，需要依賴。但走在一起後，必須追求更深層次的心靈提升，愛才能形成力量，令生命強壯。

愛要從容不迫才有魅力，才教人不得不愛。

讓伴侶感染你的愛，而不是你的恐懼和埋怨。

情緒決定關係的命運，情緒穩定的人，才有能力建立和諧感情關係。

看對方所做的，不要聽他所說的，感謝對方為自己做的一切，這是我們最少要學懂的愛情道理。

感情要大方，關係才有長遠和自在的可能。

愛的重點不是要求和依賴別人對自己好，而是先讓自己值得別人為你付出，愛你，愛得舒服自在。

愛是假的，當你還需要作選擇的時候。

愛情需要承擔，但不應是負擔。

愛到最後合情合理，問心無愧，大概比刻意劃愛的底線更舒服。

為別人而活不是愛情，雖然人不能只為自己而活。

沒有人應該限定自己甚麼時候做甚麼，緣份需要情緣和時緣，時緣未到，再努力也是徒然，尤其是要跟另一個人建立親密關係，交換愛。

在一段關係裡，愛比其他一切更有凝聚力，哪怕是金錢和物質，也不能買到高質素的相處感覺和關係，讓感情歷久常新，保持激情和澎湃。

愛是困難的，關係是容易的，我們多選擇尋求感情關係，而不是愛。

每段感情關係都不會完美，總有缺陷，這正是愛情的意義：在修補缺陷的過程中修行自己，了解自己，學習和別人相處，為別人付出，同時保持自愛。

沒有一個人有能力給愛人或自己百份百的激情和能量。

沒有必然的相處關係，也沒有不能解決的關係問題。

別想太多，令關係變得複雜。

你的情感改變整場愛，你的想法決定整場愛，是喜是悲，一念之差。

愛不只要守護，還需要更新，因為我們只是凡人，愛未能完美自足。

愛一旦流失便很難回頭。要到麻木和心死時候，便無法挽回。

重新戀愛，別讓感情老化。

愛需要主動和勇氣，你怕甚麼？

大部份所謂愛，只是執著男女關係的權力爭奪遊戲，因為得不到，所以永遠比已擁有的好，助長慾望的膨脹，自製淒美的苦戀。

愛是一種由感情出發，可以轉化成強大力量的能量。

感情是愛的第一步，它的終站卻不一定是愛。感情是脆弱的，夾雜太多慾望和心癮，太多愛戀關係只停留在感情瓜葛關係的層次便結束，還沒有機會踏進更高層次的愛便已關門，這是很可惜的。

但感情可能是愛必經之門，讓凡人通過此門檻步向更大的愛、更大的生命能量，也許就是愛和生命的最大意義了。

先學習管理自己的慾望，人要變得堅強和獨立，才能進入愛情的遊戲，暢快享受而不受傷。

知道自己的慾望，便知道自己最大的缺點是甚麼。

人最難改變的是性格，但可能更難改變的，是面對慾望時被它影響的人性脆弱。

不要退到禁慾的想法上，不，所有要禁的都不會是治本的方案。

你只能觀照自己，看到自己的弱點，然後尋找定心和培養定力的方法。

能修煉到哪個境界，沒有道德標準，要用自己的一生去體驗和承擔。

知道自己的慾望，
便知道自己最大的缺點是甚麼。

情慾

所有心癮問題，最終都是慾望在內心膨脹的結果。

知道自己的慾望，便知道自己最大的缺點是甚麼。

情慾面前，兩性是沒有分別的。

別怪他要了你的身體，妳也要了他的。

當感情失去光澤時，性也自然變得暗淡無光。

很多所謂愛的感覺，不過是由慾望轉化的心癮，明知愛不得，就是放不下。

做愛是藝術活動。

每個人都有性需要，每個人都應享有私自安排性生活的自由。

做愛像做運動一樣，需要較長和認真的熱身，才能受益而不受傷。

風花雪月，隨便問候，掉頭遺忘的關係，別誤以為就是愛，它不過是泛濫的情慾。

懂得細膩去愛一個女人的男人根本濫不起，卻很了不起。

男人抵受不了的不是變舊的妻子，而是內心的貪慾。

戀愛要承擔，偷情卻好像輕鬆得多，不過現實是這種計時關係，到底真正有多享受？

平衡自己的性愛，比干涉別人的性愛更誠實，更有建設性。

任何安全的性愛方式，只要雙方同意和了解其活動內容，都應是個人私房事，沒有被外人評價、干預或審判的理由。

性像愛一樣，需要保鮮，畢竟它不只是一種運動，而是兩個人交換能量的親密行為，需要每次更新五官去感受和分享，才有激情。

別收藏避而不談性，開放的態度才能改善性關係。

性生活不和諧的婚姻，很難維持下去。

世上可能所有男人都具備好色的條件，但要不要放縱色慾，卻是個人選擇，是可以調校的，關鍵在自我管理，知道後果。

別以為男人都是性慾的奴隸，他們也有情。

不要退到禁慾的想法上，所有要禁的都不會是治本的方案。你只能觀照自己，看到自己的弱點，然後尋找定心和培養定力的方法。能修煉到哪個境界，沒有道德標準，要用自己的一生去體驗和承擔。

別再用借酒亂性作為放肆自己、貪戀對方的藉口了。

性生活是夫妻雙方一起協調的情趣，千萬別讓它變成勉強行使的責任或被逼的行為。

偷情自古難有好收場，不是因為感情問題，而是現實裡關係中需要負責任的問題。

性生活是愛侶很重要的能量交感環節，不能忽視。

別要求每次做愛的目的就是高潮，維繫感情比只求性快感更重要。

女人常在性上不表白，讓男人不知她的想法，無辜地不安。

男人在性上其實比女人更緊張和不安，因為他們很在意自己的表現，是否有能力讓女方滿足，抑或讓她不安，痛楚了。性關係是需要溝通的，不只是自然發生的事。

被鼓勵下的男人的性能力，比被批評的更強更進步。

性是很富創意和彈性的藝術，不同的方式能帶來不同的樂趣，別只把重點放在性交是否成功、是否長久的要求上，這會忽略很多其他可能更享受的性愛感受。

女人願意開放自己，讓男人進入她最私密的空間；男人無法讓女人進入，需要她在外邊包容。這是兩性在性和愛的能量流動方位。

互相信任，感情進入深度發展，願意經常坦白溝通，感覺暢順愉快，在這些條件下和對方做愛，能產生正能量。

婚前對性的溝通很重要，那是更深入去了解對方的門檻。

性能讓人表現最難掩飾的真面目，也能看兩人是否真的能和諧相處，分享彼此。

好性的你應想清楚為甚麼要結婚，是否承擔得起婚後亂性的後果。

婚前性的正面作用，是讓你更了解對方，也同時做好將來結婚生育的準備。萬一婚後才發現原來彼此在性生活上不協調，那應離開還是強忍？別輕看性在感情關係上的角色。

人不能太貪心，又要家庭又要情人。

花心可以是保持戀愛能量的動力，但若變成行動，希望做出出軌行為的話，則要先問自己一個關鍵問題：你花得起嗎？承擔得起後果嗎？

能自己一個人達到高潮是一種幸福，可按適當的時間、地方和狀態得到，補充滿足的能量，實在沒理由否定。

做愛不只為取悅對方，而是一種行為藝術，也是交換正能量的活動，需要深度了解和配合，才能如魚得水。

別過於關注高潮問題，讓大家的身體先互相適應，試探和放鬆地分享更重要。

高潮不是性愛的必要步驟和追求，最重要是通過雙方的身體接觸和親密擁抱，傳達信任和安全感，讓大家感受對方願意為自己打開和分享身體，享受性愛的樂趣。

性不是男人的特權，女人有權表達對性的要求和感受。

沒感覺的身軀麻木不仁，只能性交，不能做愛。

男人要成皇，女人要為母，都是兩種不同的霸氣。

男和女都要進化，提升自己，跳出各自的性別限制。其中最好的學習入口，是通過愛情的磨煉，這也是愛情的奧妙意義。

愛情讓男女在兩性差異的衝突中，看穿自己潛藏的性格陰暗面，激活自我改善的動力，並在兩性圓融的親密中，發現自己美好的、閃亮的潛能，自我肯定，更愛生命。

愛情讓男女有機會正視和接受自己的正負面，尋找改善，體驗進化，在這意義下，愛情發揮了非常圓滿的人生修養功能。

每個性別做好自己，兩性才好相處，才能相親相愛。

男人的存在意義，是向陰性的纖柔學習愛；女人的存在意義，是平衡陽性的力量超越愛，把陰柔的母性本質提升至更大的無我、博愛和慈悲，孕育宇宙一體的生命。

在心靈層次上，男女的靜心方式不一樣。男的是觀照，女的是愛。觀照是把所有能量集中，而愛卻要能量流動，付出和包容。

男女關係要修到愛的層次，路還很漫長。

每個性別做好自己，
兩性才能相處好，相親相愛。

兩性

每個性別做好自己，兩性才能相處好，相親相愛。

自愛才是女人最大的成就。

覺得需要愛到失去自己，才算真正愛過的女人，應知妳們愛壞了自己。

女人的心思是矛盾和複雜的，想的和做的是兩碼子事。

女人並不如自己想像中合情合理。

女人別壓抑自己裝偉大。

女人過於感情用事，佔有慾強，想抓緊的其實不是男人，而是安全感。

學習獨立，活得自足，重建自信，才是安全感真正的來源，而不是找個男人來給妳。

不能包容，只懂發脾氣的女生最值得被放棄。

不是女人拋棄男人，而是男人放棄了自己。

謙虛大方的女人，懂得一個人好、兩個人也好的道理。

溫柔是力量，讓人感到心定，可依賴；嬌嗲只是取悅和索求利益的廉價技倆，嬌揉無力。

我們已很少看到真正溫柔的女人。

女人擇偶的壓力，是難以接受比自己軟弱的伴侶，難向親友交代。女人也有面子問題，不遜於男人。

彈性是女人先天的生理和心理結構，年齡應是增添魅力和自信的別名。

能自愛、自足而後分享愛的女人，非常動人美麗。

女人應知如何抓緊每個珍貴的十年，過好自己，儲備愛的能源。答案，是願意自愛，更生自己，向前張看，不計過去。

女人需要學習從痛中自我療癒，超越生理和心理的限制，解放自己，變得純粹簡單，愛得更自如，強壯陰性的力量。

超越負面的想法和情緒，才是女人要爭取的幸福，也是人生其中一種最大的成就。

能讓生命回首也美，遙望也美，不負青春，是自愛女人的母性生命力。

真正能讓女人活到最後，挺過去的不是意志力，甚至不是自愛慾，而是一種女人獨有的心性素質：愛。

女人若只看到自己的苦，沒站在男人的角度體會對方的感受和難處，將永遠成為自製的受害者，永遠覺得男人欠了妳，不懂得自省。

女人感到壓力大，沒安全感，感情失向，愛得很苦，是因為對感情過份執著，製造過多焦慮，總以為需要一個外在靠山，一個可以依賴的男人。

女人一般很積極處理感情問題，可積極的意思卻是竭力要求男人改變。

女人捫心自問，到底是否想改造男人滿足妳？女人太多暗傷，都是自討苦吃。

女人對感情想得太多，把一切化成問題，問長問短，卻欠提問的邏輯，更不消說欠解決問題的能力和方案，結果把小問題變大問題。

女人的悲劇不是因為男人都不好，而是妳甘心選擇待妳不好的男人，盲目為他廝守一生，無了期等待浪子回頭。這是慈母的迷信，和軟弱女人自甘墮落的假無知。

女人的心理很矛盾，令自己舒服的不愛，偏偏愛著令妳不安、委屈難受的男人。

女人其實是不是愛上自虐多一點？

女人的寂寞，大多是冷落了自己，借親人發洩不平衡心理，靠壓迫對方表達殘疾的愛。

怨婦的存在價值，是讓人看到她們沒出路的生命，要以此為鑑，不要活得像她們一樣負面和消極，浪費生命，也浪費別人的關愛。

女人是敢於創新和改變的動物，可一旦壓抑這先天的特性，便成靡爛的怨婦，天下最難纏的磨人生物，陪著自憐終老。

女人濫情的病態，其中一個原因是濫發母愛。

面對一個男人，女人有時真搞不清楚心裡澎湃的感情，到底是愛情還是母愛。

大部份女性只是擁有過剩的愛的能量，卻並不真正懂得愛。她們尋找某個對象來投射自己的能量，卻錯把這投射的過程當成是愛。在這意義下，女性的愛和男性的精液是差不多的。

別讓自己愛得那麼廉價，妳有責任向懦夫說不。首先，妳不要先做懦夫。

能放下的女人最美，美到大概叫男人承受不起。

女人在情傷後的果斷和勇敢，不是男人可以媲美的堅強。

剩女也是勝女，無須被世俗道德捆縛。

說到底，女人的幸福到底是甚麼？是少知為妙，還是抓緊真相自主命運好？由妳決定吧。妳才是命運的主人。

不想負擔男人的弱點，卻又渴求男人的情慾，本來就是女人分裂的妄想。

當一個女人能決心放下痛苦，拾回失落的自己時，她才能被愛。

女性有慈悲的條件，但需要先定心。

管不好自己的男人，怎有能力愛好一個女人呢？

男人要進化，超越其限制，走出動物性的慾求。

男人最惹女人討厭的不是花心，而是花心而沒種承認，還要合理化自己的慾望，病態化女人的失望。

你是她的愛人，卻不是她的全部，也不應該是。你能給她其他男人無法給她的，但其他男人能給她你無法給她的。關係從來是雙向。

沒有包容過女人的男人，沒資格要求被包容。包容是女人的天性，但包容的對象不一定是你。

男人要先管理好自己，才有資格照顧女人。有照顧的心不等同有能力，別最終反過來需要女人善後你亂七八糟的生活。

男人可以進一步超越自己，通過學習愛，放下活著只為自己的自我中心，鍛鍊成熟心智，把粗疏的能量轉化為陰柔的力量，從靠近甚至修煉陰性的力量開始，與女人共同孕育生命，延續大愛。

沒有男人需要一個上司女友處處盯著自己。戀愛是讓個人成長的旅程，而不是選不犯錯的庸人。

男人要成皇，女人要為母，都是兩種不同程度的霸氣。

男人貪性，女人貪情。

男人老了還是想逃避，女人再老還願意等待。

妳有妳的理由，但更重要是，他也有他的理由和需要。

他不聽妳，不等同他不重視妳，不再愛妳。不能客觀一點放下自我，先關心對方的想法和感受，了解他的立場和意願嗎？

兩性在處理愛的力度上存在頗大的偏差。女人傾向過份努力，費盡心神地去付出，容易沉溺、上癮而製造壓迫感；男人傾向過於懶散或理性地處理感情關係，對不能理解的感情需要無法投入和花心思，讓女人覺得她總是付出比較多，他卻懶惰不夠努力。

女人愛粉紅色的愛，滿腦子給消費媒體催眠洗腦後的虛無浪漫。男人的愛沒顏色，只因男人大多天生色盲，沒得救地只好一種色，就是色。

男人用身體感受愛，女人用腦袋和口製造愛。

男人自私，但女人需要男人的自私虐待自己，也是自作孽一場。

男女雙方都會貪，情慾當前沒有高下之分。女人也要為自己的痛苦和不幸負上一定責任。

男人不擅長用心這器官，絞盡腦汁也搞不清到底女人想要甚麼，卻已費盡腦力，不被諒解。到最後，男人怨女人沒頭沒腦，女人怨男人沒心沒肺。

與情感、親密關係相關的情緒困擾病和傷痛是最難處理、治療和釋放的，也是眾多男女活過半生也學不懂如何面對的人生死穴。

男人的存在意義，是向陰性的纖柔學習愛；女人的存在意義，是平衡陽性的力量超越愛，把陰柔的母性本質提升至更大的無我、博愛和慈悲，孕育宇宙一體的生命。

在心靈層次上，男女的靜心方式不一樣。男的是觀照，女的是愛。觀照是把所有能量集中，而愛卻要能量流動，付出和包容。

感情可怕的不是沒有愛，而是當愛變成習慣，久而久之形成盲點，失去改善和躍升的動力。

誰都明白歷久常新箇中的道理，但是甚麼令我們疏於經營關係、增進感情和熱度呢？那是因為愛的想像比行動更容易。

一句我愛你，動聽但無力。

生活毋須承諾，生活需要付出。沒有甚麼比習以為常更可怕，更蠶蝕動力。當你不想花時間和心神擦亮戀愛感覺時，也就等於你不再重視愛，雖然你還在自私地希望接收和享受，卻不想再付出了。

婚姻不是戀愛的墳墓，所謂穩定關係和坐享其成的態度，才是感情殺手。

我們都以為兩個人感情變淡是愛情出現了問題，孰不知問題往往不是愛消失了，而是惰性和慣性擠熄了愛的動力。

要重燃愛火，需要用熱量劃一道光。

愛情是婚姻最基本的條件，沒有愛，只剩下捨不得放下的關係和執著，才是婚姻最大的不幸。

最穩固健康的愛戀關係必定是自由，
獨立地依賴。

婚姻

關係可以很多很隨便，愛卻需要修養和緣份，婚姻更是協商權力的結果。

夫妻相處要公平，合情和合理，才能有良好關係。

最穩固健康的愛戀關係必定是自由，獨立地依賴。

婚姻是兩個人的承諾，若不能留守下去，應有善後的勇氣和責任。

婚姻是感性的開墾和理性的投資。

是否選擇婚姻或戀愛並不重要，重要是是否懂得如何愛得自由，從容和包容。

婚姻不是戀愛的墳墓，所謂穩定關係和坐享其成的態度，才是感情殺手。

愛情是婚姻最基本的條件，沒有愛，只剩下捨不得放下的關係和執著，才是婚姻最大的不幸。

維持一段婚姻，愛始終是首要條件。維持愛便要戀愛，不要讓愛停下來，以生活瑣事代替。

為關係留一點空間和距離，才能有餘地看到自己和對方的反應是成熟、真誠抑或偽善。給大家時間和距離，一段感情才能細緻地建立。

因為無中生有而假設伴侶已出軌，暗地搜查，這是極不尊重對方和婚姻的行為，只會造成感情傷害。

世上沒有完美無瑕的戀人，更不可能也不應該有處處以你為首的丈夫或妻子。

願意配合對方而生活的人，才能同居，甚至結婚，因為住在一起意味著朝夕相對的時間多了，親密和磨擦的機會也同時增多，是經歷愛情考驗的時機。

共同生活不是兒戲的，不能只有感情或所謂愛戀感覺便能活下去。生活是需要協調和體諒的，因為生活上最瑣碎的事正是挑戰感情的導火線。

很多男人對妻子厭倦，原因多和妻子婚後開始變成了母親，不再是情人有關。

夫婦間性愛不達高潮，可以通過溝通和不同體位的練習而得，或者根本不用追求性高潮，因為兩個身體融在一起的能量和感覺可以很享受，能增進彼此的感情。

壓力大的丈夫會希望回家看到天真爛漫的妻兒，讓他感到回家溫暖，啟動他對生命和家人的熱情。先由放鬆自己開始，別只要求他回家對你歡笑和聊天。你放鬆了，他也會放鬆。

別對丈夫發脾氣，讓他知道妳的感受就是了。動氣的女人只會讓人煩厭，同情妳也不過是施捨。

婚姻不是遊戲，在找不到適合自己的對象前，在沒有足夠的愛以前，不應隨便為世俗結婚。想想婚後的日子你怎麼過？你需要清醒一點管理自己的人生，別做後悔的事。

認真想想是否真的不能接受這段婚姻，決定了就別後悔。要學習尊重自己的感受和需要。

保持自己的性吸引力，是已婚女人不能忽視的一環。

媽媽那一代可以白頭到老，但未必惹人羡慕，多少老伴早已十天不交談一句，十年沒有性生活，十世以後也不想再遇上？這也許才是白頭到老的可悲真相。

婚後要做獨立想做的事，讓自己活得更有自信，別慣性依賴伴侶的陪伴。培養獨立而相依的感情關係，能減少因為走得太近和沒空間喘息的磨擦，也沒有因為成全對方而放棄自己，導致終生遺憾。

婚姻比戀愛難，因為那是處理世俗關係的遊戲，跟愛沒有必然性關連。
但愛若是夠成熟和堅強的話，能包容世俗，甚至超越世俗。

其實妳只想嫁給婚姻，甚至不是男人或愛人嗎？

婚姻可以是女人的成就，在乎妳是否懂得選擇對象，管理感情、愛情和事業，獨立地依賴，相愛也自愛。

妳其實可以先和自己「結婚」，向自己承諾愛和信任，不離不棄，這樣試婚，很好。

妳永遠無法知道別人的婚姻真面目。

女人要找到帶孩子和回復女性魅力的平衡點，世上有很多性感自負的媽媽，失去性吸引力的責任在妳處，不在孩子身上。

和丈夫是一段關係，和孩子是另一段關係。孩子的存在價值，是讓父母看穿自己的衰老和幼稚，提醒你們活壞了，應返回童真重活一次，跟孩子一起成長，重新學習關愛和付出。

男人以為理解和滿足女方的需要便能解決問題，女人卻認為先融入她的世界，關注她的感受比處理現實需要更重要。

解決需要是帶世俗和物質性的滿足，可以不帶感情，不用花心思。

關注感受是細心的表現，只有從心出發才能表達愛意。

所以女人特別希望男人能為她們花盡心思逗她們高興，但問題是不擅用心這器官的男人，絞盡腦汁也搞不清到底女人想要甚麼，卻已費盡腦力，不被諒解。

沒有表達愛的適當方法的話，你有再多的愛，在對方眼中也不過是個不合格的情人。

我們還未修到不用表達也能傳情達意的愛的聖境，收藏讓愛越加虛弱。

表達，是對關係負責任的方式。

良性的溝通，應該是先看對方的反應，再調校自己的語法和語氣，別只為自我表現，享受私密的快感。

坦誠才是最自由、舒服的表達方式，別讓心病把自己變得虛偽和討厭。

在愛面前不要害怕或逞強，愛給予我們機會放下自我，學習勇敢，開放自己。

表達，是對關係負責任的方式。

溝通

開口並不容易，沉默也許更艱難。

表達，是對關係負責任的方式。

先聆聽，別先插咀，對自己和別人都會好一點。

表達愛讓感情變得更透明，更有熱量。

表達愛，解放了自由。

能從心出發勇敢呼喚愛，你將如釋重負，愛得從容自在。

無法溝通是無法相處的別名。

表達自己是平衡心理的重要一環，能真誠、自如地表達自己的人，心境豁達，少有鬱結，平易近人。

把長久壓抑的心底話說出來，你將體驗重生，感受前所未有的輕爽和自由。

坦誠才是最自由、舒服的表達方式，別讓心病把自己變得虛偽和討厭。

我們還未修到不用表達也能傳情達意的愛的聖境，收藏讓愛越加虛弱。

女人的愛，需要用説話去確定。男人的感情，需要身體反應去確定。

女人的孤獨或抓狂，很大程度源於無法跟伴侶順暢溝通，不滿意男人把她原來希望對話的意向變成自己在獨白。

能説話不代表能表達，更不代表所説的都合情合理。

男人在女人面前害怕犯錯，選擇不說話，佔大比率可能不過是怕說錯話被女人否定，活在心理不平衡的相處關係裡。

男人不擅於用說話表達、解決問題和善後，讓女人誤以為男人拒絕溝通，對她不夠重視或尊重。女人以為男人沉默是在暗裡謀算，不想負責任。實情可能是他們自知無能力負責任，所以選擇不開口，避免徒添更多失語的責任。

男人選擇沉默，可能不過是一種因無法表達深刻的關懷而無助的表現。

男人不擅於說話和行動，甚至活在語言和行動斷裂的世界裡，以為說過了便足夠，甚至以為說過了便已經做完了，也會錯記以為真的做過了，以致言行不一，無法兑現說話，哪怕不過是很小的事情，也總是無法兑現，讓女人更懷疑男人對她們的真心和重視。

女人愛聽令她們以為被愛的說話，可這些動聽的話，大部份都不過是討好女人的甜言蜜語，或者是自欺欺人的謊言。

希望得到融和的戀愛關係，女人應嘗試先體諒男人無法用語言表達的限制。可以選擇少依賴說話，多依賴身體語言表達愛，促進溝通。

我們都需要表達自己，表達不一定需要你已非常清楚你的所想所感，相反，願意表達你有多亂和有多不清楚，也是一種尊重和關愛，能減少誤會。

說出來，讓自己肯定自己，同時讓對方知道你其實並不是很清楚自己的意向，但你還是嘗試良性溝通，對自己的言行負責任。

說出來吧，沒甚麼大不了的。

很多人把一切埋在心，表面是為不想製造混亂，希望不令別人失望或受傷，可事實上，這種收藏最傷人。

其實很多不滿和怨氣，都是沒有先搞清楚自己的感受和意願，也沒有表達清楚，以致誤導了自己和別人。

微博年代，我們似乎都忘了自己是誰，慣性不負責任。後遺症是有的，我們變得越來越不敢確定自己是誰，沒有為自己所選擇的角色、份位和言論負責任，越來越迷失自己，自我否定。

網絡世界讓我們感到開放但不能盡信，熱鬧但依然寂寞，因為裡面太多虛擬和隨便的即棄言論，沒有真情的保證。

坦誠地分享想法和感受，別藏在心裡，待爆發出來時落得難以挽回的局面。溝通比孤獨亂想更積極。

能在感情出現問題時坦誠溝通，當然最好不過，但無法如願的話，必須學習接受緣份的安排，一切隨緣。

一個人獨自沉默，或者兩個人一起沉默，能做到無言的感激，讓自己或別人感受一種對生命堅定和窩暖的信望愛，是修養也是福份。

語言能力發達的女性，難以理解老是寡言的男性，容易埋怨，猜疑和不安。兩性世界裡，鮮能走向感通和自若的沉默和諧，除非雙方在愛中放下自我，修行自己。

真正的優質交流，應是靜默的交感，是感應自己和對方的內心是否水乳交融，不費勁地享受彼此靠近的刹那，而不是你是否明白我所說的，我是否明白他所想的。

話說太多根本不是溝通或交流，更多是恐懼寂寞，無法自處和感受自在。這樣的人害怕孤獨，難得心靈安靜。

善意和溫柔地坦白很重要，溝通需要耐性和體諒，要有好心情、好脾氣、好意願，才結好果實。

相愛但不能溝通，有時真的很難勉強，必須看雙方的能量流動狀態。緊張不會改善問題，保持泰然心態反而更有轉機。

所謂清楚是相對的，溝通不能自我中心，應重視對方的反應，不能自以為是。

良性的溝通，應該是先看對方的反應，再調校自己的語法和語氣，別只為自我表現，享受私密的快感。

別收藏心事，造成腐爛的毒瘤，日後想補救怕已太遲。

愛超越感覺和想像，她從來很實在，因為她是一種力量。

愛是一股讓人發現、省悟和改變的動力。

真正的愛能無聲無色地感染你，沒有半句教導或暗示，甚至連對方也不知道自己的力量，便能輕柔地感染你，讓你不期然更愛自己的生命，願意放下，享受自在。這是愛的力量。

真正的愛像藍天白雲一樣平靜，讓你舒服，靜靜守護你，毋須多餘的語言和承諾，毋須對方應承你甚麼、你為對方改變甚麼。

愛有力量喚醒沉睡的生命，讓你在不自覺中得到啟示，決心改變，向前走。

愛和熱愛生命是分不開的，沒有懷著愛卻投向自虐他虐的可能。

愛是充滿喜悅的陽光，也是回歸平靜、享受自在的黑夜。

假如有一個人的出現，能讓你發現生命的新方向，變得無私，充滿感謝，不留佔有，珍重分享的話，很好，你真正戀愛了，這是優化生命的愛情，超越男女情慾。

先做好一個人，先愛你自己，
愛身邊的人，沒有比這更大的愛。

能愛

愛是自我修養的過程，當你的愛夠寬厚，被愛是自我完成的。

學習獨立，從舊愛中成長，你才沒白愛過。

先做好一個人，先愛你自己，愛身邊的人，沒有比這更大的愛。

愛和熱愛生命是分不開的，沒有懷著愛卻投向自虐或他虐的可能。

自由的心智比黏著的負面關係，更值得爭取。

理性比感情用事，更能為戀愛作準備。

鎮定的心比凌亂的心更可信，更懂得愛。

想愛的不一定能愛，這是上天給愛情最大的玩笑。

先感動自己，愛才真正出現。

愛必須在互相合拍、平等、無私的交流和分享上開花，
才能結果。

在愛人面前，應該保持被尊重和自我尊重的對衡狀態。

一起走，是戀愛的重點。

能相愛不一定能同步走，到無法包容或等待時，別執著同步才能愛。

可以的話，多給他一個抱吧，在還有機會的時候。

你變得好，自能轉化對方，不能的話也別勉強，你已問心無愧。每個人有自己的生命軌跡和步伐。

能愛是一種福氣、一種力量、一種美德、一種成就，但不要在愛中剝削自己，或者甘願被剝削，這種犧牲沒有價值。

學習取捨是愛情中最殘忍的訓練，緣份和尊重是愛的條件，千萬不要放棄自己的尊嚴，委屈求存。

在我們還沒有好好愛自己前，其他一切都只是思想的晃子，所謂的愛，也可能不過是感情用事的結果。

兩個人在一起，並不等於兩個人要變成一種生活、一種想法。要讓兩個人兩個世界舒服地碰撞，擦出火花，關鍵是保持兩個世界的完整。人不應只愛自己的影子，或做別人的影子。

平衡的愛應該是平等的，是放鬆地分享，充滿精力，容光煥發，是可以繼續也可以暫緩的從容不迫。

平衡的愛能感染正面的感情力量，那是愛得自如和自在的舒服狀態。

別想改造他，你只能認清自己，接受對方的一切，看清楚自己真正的需要。

愛情的距離是需要調校的，別以為黏著就是好。

別做感情的小人，成熟的人，應當是個感情的君子。

遇上感情的小人，你能做的不是埋怨或糾纏，而是馬上離場，給自己的感情一點尊嚴。

要相信愛的力量不靠扯個平等讓你心涼，而是正面能量的感染。

在愛面前不要害怕或逞強，愛給予我們機會放下自我，學習勇敢，開放自己。

安慰和能安慰是兩回事，具備療效的安慰，需要對生命懷有很深的愛，比一般人擁有更細密的心，能感受最大的痛苦和孤寂，所以能體察別人的痛處。

愛，親近但遙遠，一生中能有幸擁抱值得愛的人、值得尊重的生命，已經是最大的福份。

真正永恒的東西，都沒有見證的需要。

人必須在能量充裕和穩定的狀態下，才能打開感官感受自己所需，不被外界誤導。這個時候的自己，可以相信。

真正尊重關係的人，不只愛上關係的衣裳，還會照顧和愛護關係的內涵，好好保護和珍惜，不會自以為是的隨意改造、扭曲或強迫別人，迎合自己。

為關係保留彈性，能變性和可能性，關係才有望細水長流，溫柔可親，值得保育。

當你珍惜每刻和所愛的在一起時，你會放慢，樂活，不可能濫用，糟蹋，眼裡也不只看到自己，漸漸地，你會減少消耗。

愛是能在生活細節上共融和照應，追求被愛的滿足時，同時也要學習關注對方的感受和需要。

愛是需要承擔的，雖然不用執著海誓山盟，但懷著一顆願意承擔的心是重要的，是一切付出的基石。

如果你的愛只放在佔有某個人身上，你將永遠看不懂愛的真相。

一個不愛地球、不愛生命的人，不可能懂得去愛一個男人、一個女人和他們的孩子，因為這種封閉式的愛是毀滅性的，沒有生命力。

守諾是可貴的美德，但在感情關係上，更可貴的道德，是當某方無法守諾時，應交代一聲，以示尊重。

人會變，也沒有完美的人，所以關係要每天更新，每天進步，不然，人的惰性會令感情停滯不前，一旦發生變化便碰到棱角，產生磨擦和不順眼的情況，關係便難維持下去。

到底有沒有完美的伴侶呢？答案是應反問自己，能不能讓自己步向美善，不然，即使天使出現了，魔鬼的眼睛還是看不到美善。

沒有人能做到百份百完美情人，但人可以做到良性溝通，做個有承擔、負責任和互相尊重的人。

大部份所謂愛情，只是情慾失調和死執關係的結果，離開愛還很遙遠。愛到失去自己，既不負責任也不浪漫，這種愛並不合格。

其實錯誤在哪根本不重要，重要是，面對不能返回頭的錯愛或孽緣，我們最好是放下，不能放下也要先放好它，別亂放或暴力地結束愛。

別中嗜苦的詭計，痛苦能遮掩你害怕孤獨的依賴心態，但你無法長期靠欺騙依賴別人，最終沒有人希望愛你變成負擔。

別盲目相信愛應無條件付出，當你力有不逮的時候，量力而為更重要。無能力愛而勉強下去的關係，才是最大的愛情悲劇。

有能力愛，還需要管理得宜，保持愛情關係的活力，愛和關係當歷久不衰。愛是一個圓，它會返回來的，假如能量得到易轉和提升。那就學習轉化能量，從自愛開始。

選擇怨恨，死執不放，
才是男女關係最大的孽障。

錯愛

痛一次是不幸，再容自己受傷便是自虐。

選擇怨恨，死執不放，才是男女關係最大的孽障。

大部份所謂愛情，只是情慾失調和死執關係的結果，離開愛還很遙遠。

愛到失去自己，既不負責任也不浪漫，這種愛並不合格。

你要自殘多久才肯放手？

愛再強，也敵不過無力去愛的現實。

感情可怕的不是沒有愛，而是當愛變成習慣，久而久之形成盲點，失去改善和躍升的動力。

愛可以很浪漫，關係卻很現實。

只要成為罪人，才能繼續放縱自己，這是可悲的男女情愛關係，也是可悲的人性弱點。

因愛成恨其實是動員了同一股能量，把原來用來為愛付出的能量，轉化成反抗和怨恨，於是一下子忘記了愛，只看到恨。

愛情關係中，最忌忘了愛，只剩下計算和仇恨，製造更大的不幸。

以仇恨對付仇恨處理損壞的愛是愚蠢的，因為仇恨在還沒有殺死敵人前，已經殺死了你的心胸。

我們都以為兩個人感情變淡是愛情出現了問題，孰不知問題往往不是愛消失了，而是惰性和慣性擠熄了愛的動力。

人生能愛多少遍？相殘多少次？由愛變恨是浪費能量的蠢行，生命不應花在負面怨懟上。

打開心胸，學習放下，別糾纏於愛恨關係和復仇的執著中，傷害自己傷害愛。

太緊張地付出，耗損了能量，是錯用心神和精力，所以大家不是愛得不夠，只是愛得精疲力盡，愛到免疫力減弱，容易受傷或傷害對方。

貪念容易殺死真正的戀愛。

小心眼的戀情永遠得不到幸福，大方的祝福才是最真誠的愛。

愛不是全心全意，需要被瓜分的話，愛已不再是愛，而是應付感情，空留關係。

愛到遷就、包庇和討好，自我貶值，不過是自討苦吃。

問題不是時間久了生厭倦，而是彼此沒有同步向前發展愛。

所有愛情機遇都有正面意義，放縱自己是對自己報仇，這不是愛，而是恨，也是最糟的戀愛。

互相尊重才是包容的愛。別自製不現實的假情敵，苦了自己。

和情緒搖擺不定、偏激的人相處和相愛是很磨人的。

別做被第三者佔上風而嘲笑，令愛侶借故譴責你的蠢事。

容忍是幫兇，會助長和包庇更大的暴力與剝削。

被動地等待被照顧是一種殘障，早已放棄了守護自己的生命，把自己變成貨色，吸引獵物，換取所謂被照顧的機遇，是投機也是功利。

別盲目相信愛應無條件付出，當你力有不逮時，量力而為更重要。

無能力愛而勉強繼續的關係，才是最大的愛情悲劇。

有能力愛，還需要管理得宜，保持愛情關係的活力，愛和關係當歷久不衰。

情場上、親人間口不對心很普遍。表面說一套，實際期望又是另一套。

大家都想表現得不貪婪，不計較，掩飾自己潛藏的諸多慾望。以這種方式和親密的人相處，不是很辛苦嗎？

其實每個人都希望別人能閱讀自己的心，心意不宣而喻，羞於表白，透露自己的要求。

不是每個人都有足夠的勇氣和力量放下執著的，因為放下後面對自己一無所有的孤獨，可能比執著更難受。

關係是外衣，感情是內容，光滿足於建立或擁有關係，便以為可以坐享應得的權利，便是你粗心大意，或自我中心的錯。

我們愛上的其實是自戀情意結，最後都是為滿足自己。

大部份所謂愛，只是執著男女關係的權力爭奪遊戲，因為得不到，所以永遠比已擁有的好，助長慾望的膨脹，自製淒美的苦戀。

吃醋是人之常情，不用介懷，甚至反映你有多愛對方，愛到承認自己的虛弱。

關係可以爭奪，可以戰爭，有輸贏，愛卻不應是這樣。

不要留住留不住的關係。

對於舊愛，別迷信還能挽回，也別再迷失了。失戀失魂兼失去自己，人不像人，鬼不像鬼，那才最駭人！

是我們先麻木了愛，過份重視經營生活，在關係中要求，忘記了戀愛需要補養和維修，讓它歷久常新，避免生銹和老化。

走壞了或走累了的戀愛路，答案不一定是分開或死守不放，可以給戀愛放個假，改變一下生活方式，拉遠彼此的距離，會看得更清楚，心會更澄明。

感情上最大的惡疾，除了是執著，就是沒有感覺。

沒有感覺是可怕的，失去激情是被詛咒的不幸。

在兩性關係上，有太多假裝不在乎的東西的話，需要消耗很多能量說服自己，結果愛到筋疲力盡。

我們或多或少都身在福中不知福，沒事找事煩，錯覺愛情應該很痛苦，平靜的愛有缺失。這是甚麼邏輯？是慘情流行病毒的超級集體傳染力，令我們無病呻吟，暗暗期待苦戀的洗禮。

愛情最典型不過的定律，是由需求愛變成判斷愛，剩下經營關係的權宜。

原來，自由才是最大的心理負擔。

在感情出現矛盾時，反思關係是正常和合理的，不過卻應留意反思的態度和角度。

原來我們容易先否定曾經為愛所付出的一切，然後否定對方，也否定自己，更重要是否定了這段感情。

問題不會在愛裡。

曾經付出的都是正面的，那是不容置疑的善意感情。問題出現跟正面的付出無關，而是別的原因。

我們要衡量的、反思的不是付出的多寡與得失，是不是自己理虧了，應不應像投資一樣馬上止蝕。若愛情只不過是一場計算輸贏的遊戲，那不過是一場投機性質的男女關係，所以難於放下，因為不甘心，想把失去的賺回來。

成長是付出的本身，能開花結果，才叫成熟，看到成果。

把愛看作成長過程的話，你會享受付出，邁向成熟和進步；把愛看作成果的話，你會計較得失，容易退步，這是痛苦的源頭。

能分享，才是真正擁有。

付出

能分享，才是真正擁有。

當你能無我地付出，你便不是你，你便是愛的本身，像水點一樣融進大海，兩者不再二分。

愛，從來很具體。不在愛侶身邊很難付出愛，欠缺精力也難愛得好。

愛就是分享，純粹地無條件、無限地分享，不是要求，也不能強求。

給自己一個機會，進入愛的學習中，享受付出，面對難關，磨煉選擇去留的智慧。

真愛沒有負擔，只有無私、謙卑、享受和感恩，感謝對方的信任，願意把生命交給自己。

愛是當下，當下不能付出愛、表達愛的話，便是虛構的愛，想像的愛，概念的愛，不真實，不夠具體，甚至一定程度上並不存在。

我們都問人生有甚麼追求，愛是甚麼，鑽到男女關係中鎖定，在道德行為上印證，從宗教道理中確認。但愛其實可以更純粹：將打動自己的跟別人分享。

愛是對愛侶的生活、身體和感受的照顧，需要投入時間、精力和心神，不能只說愛你，願意愛、希望愛、計劃愛便足夠。

愛是付出，是精力和時間的投入，這是付出愛最基本的條件。失去這些條件，愛難免流於空談，有心無力，或信口開河，或只談物質。

愛是在一起時的能量付出。你把精力耗在其他事務上，回到愛侶身邊，你已筋疲力盡，還能怎樣關心愛護他？

生活毋須承諾，生活需要付出。

獨善其身的孤獨是「擁有」孤獨，但更精彩的孤獨是能「享受」的孤獨，獨立地合群，樂於分享正能量。

你可以分享你的感覺和想法，分享你的愛，但不要把分享變成相處或相愛的條件，不然，原本無私的分享便變成壓力，為求回報。這是交易，不是愛。

我們太在意個人滿足，也太在意付出後的回報。心雖想愛應該是無條件的付出，可實際上，誰都在暗算甚麼時候會有回報，得到回報才算得到真正的幸福。難怪，愛到最後大家都感覺不到幸福。

在互相尊重的層面上，愛是對等的，但在付出和回報的層面上，愛裡永遠沒有等份的回報。

在女人的字典裡，「付出」的別名原是「犧牲」。要為付出畫底線，最簡單直接的方法是拒絕犧牲。

喜歡做一件事，有時是因為遇上同路人，讓你感到不是一個人獨樂。「喜歡」的同義詞，大概就是分享。

處理傷痛有效的方法，就是親自下廚，跟好朋友或有需要的人分享食物，付出愛，把傷痛轉化成正能量。

戀愛關係最教人傷痛的多不在愛的多寡本身，而在如何處理分手的技巧上。到底弄至要分手的地步誰是誰非，其原因早已不再重要了；重要是，能不能承擔一段變質的關係，一起理性、和平、平等地處理好，爽朗一點說再見。

愛是讓我們發現自己的缺點，接受和改善自己的機遇，不是執著對方的死局。從固執到開悟，從迷亂到平靜，從痛苦到喜樂，這樣的愛，非常有意思，你在成長，沒有白費生命。

從否定到接受，從執著到開放，這是戀愛為人生帶來的最大意義，讓人活得進步，成熟有味道。

讓應離開的離開，比死守然後怨懟，互相折磨更讓心靈環保。放生彼此，路才能再次打通，向前多走一步。

感謝讓你愛過的人，他給你的禮物不只是愛，而是讓你成長，人格變得寬容，懂得自愛。活著的意義，也不外如是。

感謝分手，讓你經歷成長，從傷痛中學習愛。

感謝失戀，讓你明白愛，在愛中修行。

世上沒有必然的關係，
學習放好愛比死執更成熟。

聚散

離開，原是更大的愛。

分手要有品，不要賴著惹人討厭。自討苦吃，自作自受。

再戀愛，應比上一次更成熟才值得投入去。

該留的自然會留，不應留的不要勉強。

未到最後別輕易放棄，但到必要關頭得灑脫放手。

世上沒有必然的關係，學習放好愛比死執更成熟。

能相愛已經不容易，當愛要走到盡頭，緣份到了限期，應有比愛更大的勇氣去結束。

人渴望相融，因為總會分離。聚散是緣，只能祝願，毋須承諾。聚散有時，愛在當下，自是永恆。

再好的愛也有到期時候，不管分開的原因是甚麼，還是值得感謝，珍惜能愛的緣份。

無法繼續的關係，讓它好好收場，這是對愛的最好交代，也是結束的智慧。

曾經愛過，不等同必須一直愛下去。

完結了的關係就是句號，別執著和糾纏沒完沒了的省略號。

先不要負面想問題，盡了力也解決不來，要想想是否應先結束關係，而不是尋找外遇。

每個人都應以自己舒服的方式生活，若要和另一個人相處，便應尋找互相協調的方式，能合拍才能相處下去，不能便不要勉強，或想改變對方。

渴求忘記舊愛是愚蠢的分手方式，醫學和心理學已證實徹底忘記是不可能的，越想忘記，越會把要忘記的在腦內重複，增生記憶細胞，反而把它記得更牢。

先放好回憶，時間自然會讓應放下的漸漸放下。

分手應有徹底的勇氣，拖泥帶水的分手關係最難纏也磨人。

愛侶要分離，不一定因為對方變心，也可能問題源於你。

每個人都有過去的情史，但婚後便應尊重目前的伴侶，這是合情合理的要求。

別動不動便說分手，要成熟地正視和處理相處的難題。

失戀一次便想到單身過一輩子，不過是不切實際和幼稚。

失戀最好的療傷，就是把愛轉化成慈善的付出，而不是向誰乞求愛。

無法堅決地分開，只有一個原因，就是彼此都太害怕寂寞了。

大部份人戀愛失敗，都不是因為愛得不夠，而是因為愛變成了生命的全部，把愛侶變成生命的中心，為他而活，忘記了自處和自愛。

接受新愛是自我增值的機遇，為愛好好替自己重新裝修，換上新血脈，向舊錯說再見，讓自己變得更可愛，值得被愛。

別執著誓要搞清楚問題、誤解和對錯才為關係劃上句號，或者才願意接受雙方走到某一步的原因。感情壞了，雙方都有責任，不可能單方面有錯，也不會在大家情緒狀態不正面的狀態下能搞清楚是非黑白。

沒經歷分手，你不會願意正視和面對對方的問題。

沒經歷分手，你沒機會正視自己的缺點，甚至不知道自己的毛病。

沒經歷分手，你從不知道自己的人格水平和修養到哪裡。

沒經歷分手，你還以為自己很溫柔。

兩個人的離離合合，有太多無法解釋或被清楚理解的原因。有種智慧需要學習，就是隨緣也是愛的方式。

感謝分手，讓你經歷成長，從傷痛中學習愛。

感謝失戀，讓你明白愛，在愛中修行。

家應該是一個人最後的歸依，所謂歸依就是讓人能安心在外邊，可以逍遙於出走和回來之間。

這裡指的出走，是心靈上的出走，也是現實上的離家，這是自我更生的重要過程。

行走是流動的，心是流動的，眼睛是流動的，耳朵皮膚整個身體跟著血液和四肢流動。沒有比這更原始，更單純的存在方式。

能行走的人，不怕沒有安全感，因為能行走的本身已代表安全，不怕滯留或停頓。這可是心臟告訴我們的基本養生訊息。

別留守，保持流動。

每個人一生應至少計劃出走一次，在哪個年齡也可以，為心靈成長負責任。出走不是散心，需要周詳和成熟的計劃，因為你需要照顧和安頓自己，把原來的安全感和慣性清理一次，擦新官感，看不一樣的世界、不一樣的自己。

給自己打打氣，想哭就哭，哭完一笑置之。向前看，出走回來，一切可以更美好。

出走是願意、決定和實踐放下的自療選擇。

出走

留下是迷失自己，出走是還原自己。

每個人一生應至少計劃出走一次，在哪個年齡也可以，為心靈成長負責任。

人一生能認真出走一次是奢侈，這是必須的奢侈，是送給生命的禮物。

給自己打打氣，想哭就哭，哭完一笑置之。向前看，出走回來，一切可以更美好。

受夠了，便起來，走走去，別留執著地。

退隱不是散心旅遊，而是讓散失的心回歸，享受內在的靜謐和孤獨。

隱居要看的，是平凡的場景，流動的生命氣息；隱居要過的，是放下虛浮的消費慣性，還原生活的純樸，喚醒自己，生活可以比現實更踏實，簡單和具體。

能離開，退隱寧靜地，不管到哪裡，總是好事情。

別讓別人找到你，也毋須要找誰。

出走不是散心，而是回收散失的能量，回歸自己，管理好人生的重要一步。

出走是願意、決定和實踐放下的自療選擇。

出走不只是旅行，需要周詳和成熟的計劃，需要照顧和安頓自己，把原來的安全感和慣性清理一次，走出思想，擦新觀感，看不一樣的世界、不一樣的自己。

思想以外的生命才是真實，奔向出走和自愛的流動能量，是由浮躁回歸平靜的轉捩點。

出走，是給生命一次刷新的機會。

旅行是興奮的，帶著出軌的感覺，但心裡明白那是短暫的，只是為放鬆，為散心，總須要回來。出走是歸心，回歸內在那個正待開發的自己，願意跟自己建立親密關係的旅程。

「出離」和「出走」是兩種不同的心靈距離和態度。「離」是距離，是地理性的；「走」是心態的，走動的，勇氣的，決志的，身和心的結合，比離開更徹底，層次不一樣。

有人害怕出走，寧願留守，也許正是不知該如何面對踏進新天地裡，身心釋放後那個自由的我。我們其實害怕自由更甚於被限制，因為自由讓我們必須負責，承擔後果，不能再找藉口推卸責任，告訴自己活不好不是自己的錯。

建議一個人上路，或者最多和一個話不多的心靈旅伴同行，這是最好不過的出走方式。

出走的能量是流動的，振頻是正向的，身心細胞受落地歡迎，這是最正氣的出走狀態，通過一次旅程能洗滌自己的歷史，換上新自己。

每個人都有一種獨特的振頻，跟這種振頻能產生共鳴的地方和人在一起，自然會感到舒服、解脱、放鬆、像活回前生一樣的熟悉，回歸母親子宮一樣的安全，感到被愛，和世界再度融合，讓自己回家，活得自在。

到別的地方去，感受別的空氣和土壤。旅程就是讓人有機會尋找或開發適合自己存活的地方和生活方式。

專程去一種地方，看一種事物，學習探進地方深處的門檻。這種出走方式，能讓人變得更沉澱和細膩。

你會越走越單純，越走越像孩子一樣的輕鬆，到處可見童話故事的出現。

不是世界為你改變了，只不過是你願意先改變自己的內心世界，人生不再一樣。

養成每天必須停止工作片刻，定期心靈「出走」，讓心神處於完全空閒的狀態，不再緊張，不再擔心，感受沒有挑戰、比較、傷害、趕工、埋怨、否定、悲傷、遷怒、不幸、絕望的零度狀態。純粹的享受、放鬆和放假，這種出走，很現實，很好。

最好的相處狀態並不是要黏在一起，互相磨損愛情的新鮮感，令關係老化，而是定期良性出走，放個感情的假期。

走開，回來，悄悄不留痕，最後回到原來的地方，正是安息時候。人生如此，最好不過。

人在脆弱時候，最容易傷害身邊最愛自己的人。原來負面心魔是心癮，一旦上了癮變成習慣便難戒掉，無法平衡理智和情感。

每個人都有悲喜參半的際遇，完全沒有起伏的人生，才是真的被命運遺棄。

怨命的人以為自己被遺棄，其實更多是你先遺棄了自己，瞧不起自己，覺得生命是負累，這才是一級謀殺罪。

生命是簡單的，思想是複雜的。我們愛思想多於生命，這就是問題。

無法做到看穿問題後放下，得不到解脫和自由的關鍵在此：我們只不過是知道了問題，明白了道理，還沒有到達「能做到」的境界，所以我們還是受困者，跟所謂並不知者差別不大。

人有太多心知肚明的時候，可惰性、慣性和脾性，卻是自我提升最大的阻礙。

要是真有不幸，可能正是知而不行、無能力改變的宿命。

太多人以為付出很多去愛自己，愛別人，愛世界，最終受盡傷害，反目成仇，不再信任自己，不再相信任何人，不再寄望世界會美好。愛的反面便成恨，開始自暴自棄，想到復仇，想同歸於盡。很多心理病的形成，便是這種負面情緒反彈的後遺症。

愛，其實比你想像中脆弱，不可靠。

遺棄你的，從來是你自己，不是別人。

負念

遺棄你的，從來是你自己，不是別人。

墮落是容易的，承擔生命卻很難。

生命是簡單的，思想是複雜的。我們愛思想多於生命，這就是問題。

原來，我們迷戀複雜，拒絕簡單。

軟弱的人才會嫉妒或自卑，可惜人多是軟弱的。

多疑是老化的病徵。

人總是軟弱或者不知足，總想得到比需要的更多。

人有太多心知肚明的時候，可惰性、慣性和脾性，卻是自我提升最大的阻礙。

哪個人沒受過傷害？哪個人沒壓力？哪個人不孤單？但這些都不是怨命的藉口。

真正堅強的人，是懂得釋放自己，而不是壓抑。

我們都慣性地殘害身體，埋怨沒有人愛自己。這是人生最荒謬不過的假自憐。

大部份事情都有其彈性，沒彎轉的，只是人故步自封的心。

人最大的問題，是看到自己的不足心生自卑，同時看到別人的不足，於是借強迫別人躍進，彌補自己沒進步的心虛。

人只要成為罪人，才能繼續放縱自己。

小看自己更容易讓人小看你。

浪費自己的時間，也是浪費愛你的人的時間。

懲罰是浪費正能量的蠢事，別傻。

道理我們都明白，但是大部份情況下，人不會依從理性行事，而是被心癮和慾望驅動行為。

我們常質問別人為何不了解我，為何不接受我。一切，都是因為太重視我我我，變成自戀、自我中心，眼裡只有自己，容不下別人。

自我中心讓我們變得緊張，情緒化，失去享受和分享生命的機會。要改變的，原是我們的心胸。

人的心理原來就很矛盾，越想逃避的，越渴望靠近，沉溺在不幸、不安、混亂的人倫中，反而更安心，更有歸家的感覺。

人沒有很多一無所有的處境，反而有更多富不知足的散亂貪念。因此，你無法凝聚一股不易流失的能量，而這能量，才是真正的「擁有」。

最不智的行為是改變別人的性格。每個人都有既定的性格，很難改變，除非他們覺知，願意努力改善。

退一步，能換來更大的躍進，別小器誤大事。

所有負面感覺，本身都是真實的情緒反應，這點不容否認。不過痛苦、恐懼等的理由卻不一定是真的，那是在情緒干擾下自動運作的思緒活動，可以跟事實無關。

人都怕死，但在惰性和心癮面前，人會失控，在失控的當下，眼裡根本沒有害怕和擔憂，只有盲目和衝動，待回復理性時，傷害已造成了，回頭也許已太遲。

心癮症難醫的原因，是人害怕孤獨，在情感虛空或寂寞時，容易被心魔誘惑，心癮馬上佔據內心，再強的意志，也不敵一剎那的慾望衝動。

人是矛盾的生物，明知事情總有正反兩面，就是寧願選擇把眼睛盯著負面，拒絕調正目光。

其實大部份受傷的感覺，不過是你做得太多的結果。

傷心其實也可以是力量，可轉化它，變成正面動能，
感染自己和別人，辦法是必須先強壯自己。

當你的心太累、太脆弱時，無法助人自助。

讓應離開的離開，比死守然後怨懟，互相折磨更能環保心靈。

治療情傷比治療其他病難，因為我們早已自行判症，鎖定一個病發的
源頭，不願意知道其他，不想負責任，也不想面對。

我們其實曾經擁有很多，只是慣性恐懼失去，怕好景不常，怕一切會變卦，怕事過境遷如夢泡影，最終被恐懼遣返回到起點。

善良若失去覺知，便容易變成虛弱、不甘或多疑的病態，能製造禍害。

感到彷徨無助，是因為我們無法放下。

當你感到不懂得去愛，因為不懂愛而傷害所愛的人時，請別只想到逃避或放棄。這樣的你，不但無減對別人的影響，你同時也停步，留下失敗的記憶，製造挫敗感，自我否定。

強說要承擔，其實可能只是背負和死要面子的假象，甚至是害怕表現軟弱一面的自我保護行為。

在感情出現矛盾時，反思關係是正常和合理的，不過應留意反思的態度和角度。我們容易先否定曾經為愛付出的一切，然後否定對方，也否定自己，更重要是否定了這段感情。

怨懟解決不了問題，不如正視，善意和決心解決。

命運多是情緒締造的結果，沒有神秘，犯不著迷信。

寫日記是一種自療，也可以是沉溺，在乎你寫作和重溫時的心態和潛藏的目的。

為關係定限期最磨人的，不是限期屆滿的宿命，而是限期未滿前的心理折騰，求生不得，未到死期的難耐。

節日抑鬱症，不外是借節日發洩情緒，暴露心底潛藏已久的孤獨恐懼症。

不管你是隱瞞還是欺騙，你最大的損失是失去自由，無法透明自己說真話，不能光明正大、頂天立地的活著。

沒有人要為你當下的不快樂負責任，除了你自己。

人活得不快樂，活在怨氣裡，因為不想放下過去，沒有放眼現在。

想活得快樂其實不難，只要你忍心放下目前的不快，不管是否對錯，先選擇離開讓你變得負面的現場和人事，不管將來會怎樣，大方一點讓過去的過去。

抱抱當下已活壞的自己，安慰自己，給自己多一點愛和關懷，別管其他人的事，別追究誰是誰非。

活得快樂、人見人愛的人秘密在哪？其實沒有秘密，只是因為他們活得真正的簡單，不在乎擁有，才真正的自由。

我們活得吃力，因為我們還在乎擁有，執著目標，計較名利得失。我們甚至瞧不起簡單快樂的人，覺得他們無知沒腦袋，沒深度，沒內涵，沒個性沒味道。可是，原來我們忽略了他們最寶貴的特質：知足，活在當下。

當你能感謝所發生的，你便自由了，懂得自愛和他愛。

有愛和感恩的生命，才是真正的自在和快樂。

笑出來，你便自由了。

快樂

幸福，是在知足和自愛的人心裡才會開花。

快樂，原來就是無條件。

多久了，你沒有再傻笑過？

今天，你對自己微笑了嗎？

我們太久沒有毫無保留地開心過了。

感謝是最強大的治療。

感謝上天和自己，原來已相當幸福，擁有已足夠。

接受人性善惡同體的真實，好好擁抱生命給我們的一切。

笑出來，你便自由了。

不要忽視歡笑的力量，不妨向給你負面資訊的家人、朋友或同事微笑。

享受能讓自愛變得強壯。

再忙也要每天對著鏡子大笑幾聲，這是很好的排毒方法。

玩樂是文明的成年人早已忘掉的本能。

重拾童真很重要，那是純粹的，無條件的快樂泉源。

愛，自由和快樂，應是人生終極的追求。

懷著大愛的人，自能獲得無條件的、不會輕易反彈的快樂。

讓最簡單的事物逗你開心，追求感動生命的傻事，不靠消費，返回純粹的心去靠近人，靠近愛，你的心自會變軟，提升溫度和人情味。

活得快樂、人見人愛的人秘密在哪？其實沒有秘密，只要活得簡單，不在乎擁有，捨得放下，享受真正的自由。

我們無法改變世態，改變別人，但我們可以改變自己的心態，提升情緒智商，讓自己快樂起來。

快樂和安心，都不能光靠別人給予。

做喜歡的事，才有真正的快樂。

享受是很重要的，我們勞累太多，享受太少，參與一大堆所謂自愛和他愛的活動，還是感到乏力沒效果，正因為我們沒有活在當下，用心好好享受過。

讓自己變得幽默輕鬆，開無傷大雅的玩笑，能娛己娛人。

每天預留一段完全屬於自己的時光，這是很多人都忘記的養生快樂之道。

好好感謝食物，別當它是工具，它可是我們最好的朋友。

吃得好慢，好慢的人，才能真正感受食物的味道，吸收最好的營養，把食物轉化成正能量。

每天為自己預留一段屬於自己的時間，完全融入自己的世界和身體裡，才能保留元氣，淨化身心，感受愛。

快樂是需要獨立和勇氣才能承受的，怪不得你寧願享受痛苦，換來短暫的陪伴。

快樂的源頭不是身邊有人聽你，跟你說話，或者你可以跟很多人說話發洩情緒。快樂是親身累積屬於自己的感動體驗，對生命好奇和熱情，感到活著的豐盛。

人壓抑快樂，因害怕不會常常被記起和關注，失去被照顧和憐愛的機會。只要變成痛苦的人，才會勾起別人的同情心和憐憫，讓別人關懷你，想起你，願意多花心神逗你歡笑。難怪你寧願痛苦多於快樂。

快樂、自在的秘密是甚麼？就是不下判斷，活在當下，不回應也不助長負面情緒和想法，保持愉快，離開思想，回歸自然，靜觀生滅。

歡笑是對抗不幸的溫柔武器。

喜悦不只是快樂。

快樂是短暫和有限的情緒高漲狀態，由外在刺激慾望而產生，得到後會追求更多，容易衍生貪念，無法長久維持，甚至會情緒反彈；失去後會變成缺失和悲傷。

喜悅發自內心，是生命純粹的振動本能而激活的情感，如看到小孩一張無邪的笑臉而感動，感覺呼吸和脈膊為自己服務而感激，走進大自然讓身心舒泰而感恩，這是對生命純粹的喜悅，不計得失，不留慾望。

把噩運笑走，看它能對我怎樣！將不幸變成幽默，一瞬間，我們改變了世界，也改變了命運。

別活在時刻戰戰兢兢的憂慮和不安中，生命應該有其他更好的存活方式，讓人感到安心和溫暖。那是愛，是知足常樂，打開心胸跟別人分享愛的喜悅。

純粹的喜悅和奉獻是至善的大愛，讓生命生生不息，毋須理由。

反樸歸真，在生活中修行，珍惜和不浪費，自能無條件地喜悅，保育身心靈。

每個生命都是奇跡，每段經歷都是緣份。有人說，不要忽視身邊出現的每一個人，他們很大可能是你前世的親人或情人。這樣算來，人生在世又多一重意思了。

我們沒有承擔前世的需要，但有活好今生的責任。

跟身邊的人相處是修行自己的緣份，他們的出現和功能，就像戀愛的意義一樣，是為反映你的缺點，提醒你改善自己，學習放開胸襟。

太多世事沒緣由的發生，活著的責任不是去搞清楚生命的意義，或者讓自己活得最舒服，避開經歷挫折；這不是最有福的人生，而是最浪費能量的白活著。

生命得一次，我們需要以自愛為基去發掘愛，發揚愛，感受愛，但這並不是愛的終站。最大的愛，是為延續另一個生命。

當我們追求愛時，這愛離不開保養生命和土地，人與人之間的愛不只是為個人的滿足，更是為保育整體生命的延續和健康發展。

愛的意義，是純粹地延續不分你我的生命。到最後，愛可超越生死。

別浪費珍貴的生命，活著已是最大的幸福，毋須奢想其他。

別急於死守或結束，不如隨時重新開始。

生命的目的，不為成就自己，而是學習放下。

生命

我們沒有承擔前世的需要，但有活好今生的責任。

愛不為甚麼，是為生存下去，優化生命而存在。

最大的愛，是為延續另一個生命。

愛與生命是共依存，分不開的，這是最簡單的生物性道理：沒有生命，或生命活壞了，給你再多的愛也沒意思，無福消受。

親密是同類生物之間獨有的、對等的本能需要。

一個生命不只為自己而活，生命與生命之間有千絲萬縷的關聯，互相交感能量。

靠近另一個人讓人與生命滙合，變得完整，彙聚延續的力量。

生命的唯一訊息，就是生滅無常，沒高低上下，人要更謙虛的活。

接受宇宙的安排，享受和珍惜當下所有，活著便是大愛。

生命的目的，不為成就自己，而是學習放下。

你想活成怎樣？

存在有其自律性，箇中的奧秘是尋常智慧難以觸摸的。存在現象的背後有一股強大的動能在推動生命運行，而這股動力，科學地說，是由萬物各自獨有的振頻所產生的能量，靈性地說，就是愛。

雨過天晴，天有天的道，人有人的路。不管陰晴變幻，讓生命走它的路。

別執著個別的形體和生滅，宇宙自有其自然的軌跡。我們跟著走，回歸內在的空間，自能在生死過渡之間活得平靜，不再質疑它們，毋須索求外在世界無法給予的安全感、滿足感和愛，也不再對任何人和事物迷執或上癮。如實的生命原已很豐裕。

人把握不了生命和死亡便產生恐懼，能擁抱生死便有愛。

只有在決心捨棄時，你才能看到值得留的是甚麼，還執著甚麼，生命剩下多少自由，能有多少彈性革新自己，甚至看穿自己到底最害怕甚麼。

平實地幹活的人展現的，正是最值得尊敬的生命價值。

生命意義沒甚麼，就是經歷，讓生死的陰陽能量結合，跟愛的陰陽融合一脈相承，是呼吸一分一秒累積的經歷，是彼此一點一滴的生命分享，再具體不過，必須一步一步走，沒有捷徑，沒有替代，無分彼此。活自己的命，完自己的死，緊靠相依直至盡頭。

覺知自己如何面對死亡，反映我們怎樣看待生命，準備怎樣活這生。

接受死亡，才能體會原來世上真有不會失去的價值，那是愛和覺知。

能面對生死的人，才算成熟，真正成長過。

害怕死亡的人，無法安於生命，也無法享受愛，得到愛。

再大的自我，也不可能在安息之地膨脹；再狂妄的人，也不可能在死亡面前囂張。

若你還相信生命應該可以更美好的話，你會變得更強壯，從傷害中瞥見愛，滋養更大的慈愛。

生命最原始的被愛經驗，正是母性的溫柔，能軟化最大的恐懼和傷害。

母親抱著新生兒的溫柔，哺乳類動物對孩子的舐犢溫柔，都帶著驚人的保護和治療力量。這是母性溫柔最強的功能。

世界不會為滿足你而改變，你只能學懂知足，隨遇而安，擴大快樂資源，從簡單裡尋找樂趣。

一切事物都有自身的振頻和軌跡，我們別把自己想得太高深、太關鍵。

人生一個大輪轉呀轉，還沒有得到教訓，便轉到下一圈，回到起點，重頭再來。尼采說的「永劫回歸」正是一個命運輪，給你完完全全重現一次你剛經歷過的一生，你願意嗎？或者應該更準確地問：你害怕嗎？

為甚麼有些人、有些地方會讓人感到那麼舒服，有被愛的感覺？是因為他們永遠在，保新鮮，為無常創造了奇蹟。

回憶是好是壞不重要，都是屬於生命流動的波影，只要有陽光無私的照顧，同樣可以閃出鑽石的光彩，為生命亮燈。

人有人的愛，宇宙有宇宙的愛。

我們可以從一棵樹上看到生命的神聖，但更可從一個小孩身上學習生命的智慧，從一個簡單的人身上體驗美，撫摸愛。

宇宙的愛是宇宙性的，人的愛是人性的。人靠近人的狀態，是最原始的能量分享。

宇宙賦予天地，人到最後入土歸天，但在這之前，必須先回歸人，孕育人本的愛，生命的仁愛。

生命沒有對錯，追求快樂是責任。大多數的痛苦不過是自製的不幸。

你對自愛和他愛的堅持已創造了奇蹟，這奇蹟是，在絕望中你的愛無你我二分，你的存在支撐了別人的希望。

放下自己，融入整體生命和大愛中，才有機會發現創造奇蹟的力量，可以源於自身。

生命本來就是宇宙最大的奇蹟。

我們必須先經歷最深的慾望、恐懼和痛苦，動過最深的情慾愛恨，面對自己，才有機會從任性走到堅定，從暴戾走到溫柔。

擁抱初戀激情，保持工作抱負，保留想像空間，生命自可歷久常新。

生命的尊貴，是保持覺知和延續愛的結果。

讓人類延續下去的是人擁有追求和分享愛的本性，而不是國家、戰爭、經濟或甚麼。

假如必須要為活著找一個理由，那應是為了喜悅，因為喜悅是對生命純粹地散發的愛，是對生命最大的回饋。

每個人都有獨特的角色，在整體世界裡，人人平等，差別只是誰被記起，誰被忘懷。但這並不影響生命本身的價值，在乎你想被記起抑或忘記。

別浪費珍貴的生命，活著已是最大的幸福，毋須妄想其他。

太多世事沒原由的發生，活著的責任不是去搞清楚生命的意義，或者讓自己活得最舒服，避開經歷挫折，這不是最有福的人生，而是最浪費能量地白活著。

接受，向前看，走下去，生命的價值自會呈現自己。

命運是我們潛意識運行的軌跡，順應我們發出的情緒信號運行。

你為甚麼讓自己遺忘了曾經有過的夢？

有夢的生命是不死的，身會腐朽，但夢的能量會留在人間，附在還相信夢的精神上，夢便可隔世延續。

不再有夢的生命，一切感覺、活動和關係，就像失去影子的生命一樣，令人心慌。

人生是夢一樣的未知和離奇，只要給自己「會實現」的催眠暗示，生命不再一樣。

人要相信奇蹟，它不需要上帝而存在，只要對生命有信念和愛，再艱難的際遇，也能找到奇蹟的尾巴，追隨它便可以了，哪怕追到生命的盡頭，也是人性中尊貴的嚮往。

人生有追尋是有福的，那是甚麼並不重要，重要是你還敢背棄世俗去堅持，相信夢的可能。

世上有比成就愛情、名利、享樂等個人私慾更大的存在價值。生命得來不易，打開心窗，放眼世界，好好走一趟，感恩地活。

生命得一次，我們需要以自愛為基礎去發掘愛，發揚愛，感受愛，但這並不是愛的終站。愛的意義，是純粹地延續不分你我的生命。到最後，愛可超越生死。

想獲得愛情，感受活在安全感裡，必須先熱愛生命，這是每個人一生必須學習和經歷的成長過程。

學習承受得失成敗，才能變得成熟，懂得自處，然後懂得和別人相處，孕育愛。

愛的意義，是為生命帶來成長。

成長就是經歷，兩條腿，向前走。愛沒有成長，便是退步。

真正的愛發生在栽培過程中，而不只在結局，所以真正的愛不會結束，只有不斷加深閱歷，成長的意思就在此。

感謝讓你愛過的人，他給你的禮物不只是愛，而是讓你成長，人格變得寬容，懂得自愛。活著的意義，不外如是。

愛的目的不在自身，她是服務生命的，讓生命成長，開花，進化。

其實很多時候，我們需要的是成長，而不是所謂戀愛，這也許就是戀愛的真正意義了。

我們可以單純，但不能太天真。

成長

愛的終極意義不為甚麼，只為學習接受和成長。

成長，是學會成熟地處理不幸，減少製造情緒垃圾，自願地繼續走下去。

一步一步來，只能一步一步來，像嬰孩一樣。

一天就是一生，生生不息，越老越年輕。

別急於死守或結束，不如隨時重新開始。

你今天還不丟掉昨天的自己，到底還有多少時間給你拖？

你會選擇回頭，留守還是向前走？

我們可以單純，但不能太天真。

單純和天真的分別是，單純是一種本性，天真是智商和成熟的水平。

向兒童學習單純、好奇和勇敢，跌倒爬起來，哭完便笑，捨得放下最愛的玩具，渴望長大和成長。

愛的目的不在自身，她是服務生命的，讓生命成長，開花，進化。

愛的歷程沒甚麼須要否定，再難受再難過，也是賺回來的成長經驗，親抱激情的奧秘，認清生活的平實。

正因為愛中有傷害，有無法被理解的情慾愛恨，讓你走到面對深層的自己的成長關口，催使改變或逃離。

成熟的愛是在穩定的情緒、良好的身體和理性的狀況下，先了解怎樣愛自己，再愛別人，才能從容地相處，知道要和甚麼樣的人在一起。

愛必然是雙贏的旅程，只要你認真地、虛心地學習，願意在愛中成長。

愛是磨練面臨選擇的智慧，進一步海闊天空，可望能自愛他愛；退一步故步自封，教你瞧不起自己和別人。

把愛看作成長過程的話，你會享受付出，邁向成熟和進步；把愛看作成果的話，你會計較得失，容易退步，這是痛苦的源頭。

真正的愛發生在栽培過程中，而不只在結局，所以真正的愛不會結束，只有不斷加深閱歷，成長的意思就在此。

學習選擇和處理取捨是成長的過程，別退縮。

不管將來會怎樣，大方一點讓過去的過去。

每天都是新一天，同一條路每天都有新發現和新風景，同一個人每天的身心和外觀都有差異。

沒有需要我們原諒的人事，沒有需要我們背負的擔子，每一刻都可以重新開始。

知道道理並不保證讓我們活得更舒服、更愉快，更像一個活生生的人。

愛不是讀回來的，不要執著提問和答案，知性上明白不代表能感受愛的真諦，你必須親身上路，摸出一條適合自己走得從容的路。

只要相信可能性，抱持童真，心懷良善，微調感官，便能擦動新眼睛、新耳朵、新皮膚，重返初體驗的感動狀態。

照顧自己的感受，也是照顧別人的感受。

進入愛的學習中，同樣也是給愛你、包容你的人一個機會，讓他們經歷，在愛中長大。

感謝讓你愛過的人，他給你的禮物不只是愛，而是讓你成長，變得寬容，懂得自愛。活著的意義，不外如是。

靠近客觀和理性是積極的自救態度，退步製造痛苦和迷執，進步製造滿足和快樂。認識自己，向前多走一步，人才真正成長過。

放不下便先放好，就像我們找個地方把不捨得扔掉的東西先藏好，和它重建關係，但不太親近，讓時間流過，待彼此都有所經歷，大家都會改變，到時事過境遷，心態不一樣了，放下便容易得多。

要走下去，便要互相求變，一起成長，放下自我，磨合一個更完美的自己，成為更完美的愛人。

其實很多時候，我們需要的是成長，而不是所謂戀愛，這也許就是戀愛的真正意義了。

每人或多或少都會犯錯，最重要是態度，能及時知錯便改，不逃避問題，哪怕會有一些難堪。難堪是面對自己的軟弱時出現的，成熟的人，能越過，然後便會成長。

容許自己經歷強壯和脆弱，這不過是人生的一部份，我們需要它們令生命完整，而非否定它們，分裂自己。在接受自己的強弱與對錯，退步與進步時，我們開始長大，懂得整合自己，在平穩中求變，保持彈性和正能量，人將活得平衡自在。

不要從尋找定義去理解自愛是甚麼，因為當你明白自愛是甚麼時，你便以為自己已經懂得自愛，不再行動了，這是天大的思想陷阱。

自愛不是想法，而是最踏實和具體不過的作息活動。

自愛是對自己的承諾：無論發生甚麼事，也對自己不離不棄。

自愛原是最大的愛情。

很少人能真正自愛，因為人傾向懶惰，推卸自愛的責任，要求別人愛你，於是產生親情、愛情的需求和悲劇。

自愛的人散發愛，分享愛；自私的人要求愛，剝削愛。

自愛的首要條件不是要承擔甚麼，反而要懂得放下：放下面子，放下亂想，不問理由地先強壯自己的身體，這是生命的基礎。

在生活上善待自己，別活在道理上。道理是真的，但真得不夠力量，知道道理並不保證讓我們活得更舒服，更愉快，更像一個活生生的人。

回歸生活的細節，不管際遇和心情如何，我們有責任先吃好一頓飯，睡好一個覺，打點自己，執拾自己。

無論發生甚麼，先善待自己。

不接受自己，怎能愛自己？

自愛

重新愛自己，跟自己戀愛，向前多走一步，沒甚麼大不了。

自愛是奇蹟，被愛也是奇蹟。兩者能合上，便是生命最大的奇蹟。

等待被愛的人是焦慮的，自愛他愛的人是平和的。

不接受自己，怎能愛自己？

真正的愛，是從愛身體出發的。愛自己，愛別人，也以這個為真愛的指標。

自愛原是最大的愛情。

自愛的人散發愛，分享愛；自私的人要求愛，剝削愛。

自愛，是為更大的愛準備自己。人要為自己活好，但更大的存在價值，不只為自己。

自愛毋須先被愛。

相愛難，自愛更難，因為我們不能再借另一個人逃避面對自己。

自愛是對自己的承諾：無論發生甚麼事，也對自己不離不棄。

自愛的首要條件不是要承擔甚麼，反而要懂得放下：放下面子，放下亂想，不問理由地先強壯自己的身體，這是生命的基礎。

自愛的意義並不在保證自己不再犯錯，而是讓我們保持覺知，看到自己的問題，願意接受自己，以行動改善，一步一步向前走。

自愛就是善待自己，由最基本的生活出發，從吃好、睡好、管理好自己開始，準備好自己去愛和被愛，和大地圓融，完成天地人共依存的生命一體大愛。

我們不是吃不夠才成病，而是吃太多，剩太多。

別再問我愛是甚麼，自愛要做甚麼。其實愛和自愛很簡單，必須從愛地球，珍惜地球資源開始。

人不只為自己而活。能不剩下一粒飯，不多點菜，水龍頭調慢和少放一點水，別亂坎林木，尊重和珍惜大自然資源，這才是愛的基本功，人才能救贖自己和地球。

為生活開新頁是自己的責任，別等待別人改變你的生命。

當我們無時無刻和自己作對，和別人對峙，和世界抗衡時，掙扎不安的心只會帶來更大的對抗和傷害。

戀愛是一個階段，婚姻也是一個階段，愛自己卻是永恒階段，一生一世，一人享受和承擔。

自愛不是能輕言實現的詞語，須要靠行動，身體力行，持之以恒的生活見證。

睜開眼睛，換上童真心，處處有驚喜。

愛好自己的身體，才有力量愛他人的身心。

要珍惜、關愛身邊的人，先從學習自愛開始。

擁有智慧的人會裝備自己，管理情緒，重視養生，不做時間的奴隸。

愛是修養生命的旅程，自愛的條件是修養自己。

愛可以忘形，但不能忘我。愛別人的同時也要維持自愛，

別愛到失去自己，讓自己和別人不安。

自愛的人不乞求被愛，反而會樂於把自己豐富的愛向別人分享。因此，自愛的人平易近人，讓人喜歡親近，他的愛帶著很強的感染力。

看穿自己的內心跟愛自己一樣，需要很大的勇氣。

與其被動被折磨，不如主動地自愛，挽回尊嚴。

放手也許是更懂得愛的方式，起碼，你愛自己。

自愛是最好的治療，不讓自己白白活一場。

不能被愛，也別忘要自愛。

不要從尋找定義去理解自愛是甚麼，因為當你明白自愛是甚麼時，你便以為自己已經懂了，不再行動，這是天大的思想陷阱。

不管際遇和心情如何，我們有責任先吃好一頓飯，睡好一個覺，打點自己，執拾自己。

再親密的關係、再深的愛，也可以適時停一下，過一點完全屬於自己的生活，再生自己，為能量充電。這不是自私，這是自愛。

要得到愛情，第一步從來不是等待愛人的出現，而是先從自愛開始，強化自己的能愛動力。

愛，唯一只有一種選擇，就是自愛。這是一切愛情可能性的正面能源。愛的終點，就是自由。

真正的愛，必須從享受孤獨開始。

當你跟自己活得從容，你的愛才發揮深度和力量，能感動自己，打動別人。

學習和自己相處，每天留給自己獨處的時刻，打開自己的感觀，了解或發掘自己真正的需要。

有人抗拒孤獨，其實他們搞錯了，他們抗拒的是寂寞。孤獨可以是一種享受，在心裡開花，微笑，辦法是讓孤獨與自愛同行。

自信的力量，源自尊重孤獨，肯定自己的尊貴獨立性。

你若害怕自己一個人的話，你其實是害怕寂寞，不是孤獨，別搞錯。寂寞是心理的孤清狀態，孤獨是存在的必然狀態，兩者不應混為一談。

最好的伴侶並不是別人，而是自己的內心。不能享受孤獨的話，便不能接受生命，無法好好愛自己。

孤獨，原是給自己最好不過的回春禮物。

孤獨的基礎是能夠獨立。不能享受孤獨的人不夠獨立，把生命建基在別人身上，不能面對自己。

別小看每件看來不夠偉大、成就或靈性的事情，譬如吃好、睡好、走好每步路。少說廢話，多行善事，讓生活的細節感動自己，你便不迷執愛情，不迷執婚姻，不需要虛擬的微博粉絲討好你，不用物質奢華滿足你。

能專注地幹活是了不起的美德。工作有很多方式，營營役役讓人疲累，敬業樂業讓人喜悅。

人或許無法選擇最喜歡的工作，但可以選擇工作的態度，選擇尊重自己。

別把自己關起來，放眼四周，讓自己參與新嘗試，建立新人緣關係，做沒做過的事情，先不談是否喜歡，不抗拒便是可以做下去的好開始。

志願，不應是只在孩提時代上作文課時寫過的幾百隻文字。志願，應該是養活心靈的長期食糧，滾動生活力的泉源。最終，志願能不能實現並不重要，重要是你勇敢地想過了，肯定過自己。

維持志願和夢想的心，讓人不會走向衰老，能保持樂活心態活下去，過得好。

志願的正向能量，能改變命運，改變人際關係，因為你保持著流動開放，沒有放棄志願讓你不會死執關係不放手，不讓自己未老先衰。

無論遇到甚麼事情，在抉擇的關頭，在無選擇餘地的當下，不忘對自己說聲Why Not（是這樣又如何？）

原來每個人活在世上都有不同的角色。有人來此生是為潤澤世界，有人為裝飾世界，有人為改變世界，有人為世界犧牲，有人為拯救世界，有人為警醒世人，有人為娛樂世人，有人為破壞世界，有人來浪費資源，有人浮浮沉沉，角色模糊。

於是，有人負責給別人希望，有人負責給予物質，有人負責傷害，有人負責給予力量，分享愛，有人負責「備用」，不知所謂。

但，沒有任何人是來陪襯世界和別人的，每個人都是獨立地面向群眾的個體，每個生命都是完整的。

每個人都有獨特的角色，在整體的世界裡，人人平等，差別只是誰被記起，誰被忘懷。但這並不影響生命本身的價值，在乎你在乎被記起抑或被忘記。

角色是好是壞，都是一種責任和賦予，而你的回報，是你獨特的心態和感受，也是獨一無二，自己問責的。

我們都是平凡人，難以不執著當下，但可以訓練自己放下過去。

生命的尊貴是保持覺知和擁抱，延續愛的結果。

演好自己的角色，生命不會白費。

最大的愛，原是原諒和放生。

自重

人只能活一世，別被歲月出賣自己。

最大的愛，原是原諒和放生。

沒有任何人是來陪襯世界和別人的，每個人都是獨立地面向群眾的個體，每個生命都是完整的。

人不怕無知，最怕沒有覺知。

人無法做君子，也毋須做小人。

放生彼此，路才能再次打通，向前多走一步。

我們都是平凡人，難以不執著當下，但可以訓練自己放下過去。

不要翻舊賬，要看未來。

量力而為，適可而止，沒有非做不可的事，也沒有真正的絕路。

你做好本份了嗎？更重要是，你知道自己的本份是甚麼嗎？

別改變別人的步伐，你只能調校自己的心態，管理情緒，
修煉豁達和放下的智慧。

先穩定情緒，才能面對困局。

脆弱的人會逃跑，堅強的人會選擇面對自己和別人，承認
和坦白，不做逃避的懦夫。

你要做的不是勉強做甚麼，而是隨遇而安。

改變心念，便能改變自己和世界。

人要活得心安和舒服，必須學懂停止做傷害自己的事情。

笨不打緊，態度要好。

先改變自己，才要求別人。

在埋怨別人前，先問自己：我要求別人做到的，我也能百份百做得到，做得好嗎？

先問自己哪裡做得不夠好，是否粗心、大意、懶惰、力有不逮、推卸責任、承擔不起而逞強，抑或不過是因為面子、自尊或自以為是而壞了事。

在你還沒有盡應盡的本份，沒負好應負的責任，沒兑現自己説過沒問題的承諾前，請別先要求對方該做好一點。

承諾、誠信、言行一致、對言行負責任，是人互相尊重的基礎，而這基礎應先於情感或情緒的宣洩，這樣你才是個可靠和成熟的人。

我們無法做到完美，捫心自問無法無條件地善良的話，便別裝偉大。不能善良沒有錯，因善良之名製造傷害便是禍。

自省比你所看到的、感到的更現實。

你可選擇如何面對人事世情的心態，你才是最後的際遇把關者。

我們沒有必要跟著時間走，只須跟著心態和能力走，隨緣、盡力、達命、問心無愧，其他的，交給天。

生活是由許多回憶重疊起來的結果，我們太關注如何填滿生活，卻忘記學習捨棄的美德。

回憶的功能，是讓我們看到過去的限制，激發突破的意志，提高受傷免疫力，追求現在和將來更大的幸福。

真正徹底的治療，從來不應該從忘記出發，而在把記憶轉化。

與其花精力忘記，不如放眼現在和未來，重建正面的新記憶。

當不再期待，就不會太失望。不再期待是一個過程的後期處理方法，不代表一開始便沒期待。

信任需要理性和尊重互融。即使所有人都不可信，請也別氣餒，別放棄對愛和尊重生命的最後信念，因為失去後者，你便連自己也不相信了。

懷著良好意願，合情合理地期待，若天地時人都不配合，便得放下。

捨棄是一種責任，定時清理過去，重組現在，打開將來的一切可能性，不泥執既有，是凡人樂活自己的好方向。

面對傷痛，用對孩子的溫柔對待自己，自能提升自癒力量。

把生命的小圈子放大，接通大愛的軌跡，你的痛很重要，但不再是驚天絕路。

人，要懂得挽救自己。在最絕望、最無助時候，其實你並不是一個人。跟自己說聲：「沒事的，不要怕。」一切便會很快過去。沒甚麼大不了。

學習如何在絕望中，也可放眼看見單純美麗的風景。

體諒的基礎條件，是先有良性的溝通意願和行動。暗藏不露而希望別人擁有先知本領或所謂「愛」去體諒你，只是你自我膨脹和頭腦便秘的病徵而已。

能為愛負責任，沒有比這更大的富有。

成熟的愛首先需要情緒穩定，身體強壯，思路理性，否則容易盲目地愛。

對物質的執著，都是反映你內心真正的恐懼而非缺失。不能讓身心回歸空，不能沒有這沒有那，越多東西越多關係才越感安全的人，很難真正心安和自由。

有成就的人，不是得到名利，而是能自愛和他愛，為別人少添麻煩，為地球少添垃圾。

「不要怕，只要信」這句源自宗教的話，其實適用於任何人。

改變，就是讓慣性遁形，才看到改進的起點。

放慢，珍惜，尊重，過一種帶著愛的生活。能做到這樣，你的資源只會增加，不會減少，你所需要的物質便越來越少，你變得越來越富有。

沒有人要為你當下的不快樂負責任，除了你自己。

先磨好自己的脾氣，不再自大，心才能裝載別人。

每次動氣後，馬上放下所發生的，就是凡人也可得到的自由。

重頭再來是人唯一需要的勇氣。

抱著還有機會做得更好、遇到更好的心態，你將活得更從容自在。

原諒讓你由尖刻變成圓融，將怨懟的緊張情緒，轉化成釋放的心態。

原諒傷害你的人，你便得到自由，不再被受傷困擾，不再需要花精神計劃復仇，感染仇恨的陰暗力量。

不記恨的人，會有更大的愛的空間，享受愛的自由和甜蜜。起碼，你從原諒中釋放了心結，重拾自愛的生趣。

懷恨讓人變得醜惡，寬恕令人大方美麗，一念之差，你是可以選擇的。

適當地跟自己分開一下，放鬆點，找個替身遙遠觀賞自己。替身的功能，正是讓我們兼演多重角色，同時可以休息，儲備能量，把人生活到最好。

重新把自己變回孩子，好好撫慰自己的心，用愛撫嬰兒的力度和無條件的愛，撫慰活累、活壞的自己，包容自己，原諒自己，讚美自己。

身體和心靈是無法二分的，沒有強壯的身體，不可能有健康的心靈，感染別人的力量也有限。

說「請你相信我」前，先問自己你到底有甚麼值得被信任，而不是先要求別人無條件相信你。

活得好與不好，跟外人無關。你可以遠離跟自己不合拍的人，但別妄想改變他們遷就你。

等待的條件是還有希望，對於一個沒心肝沒責任的伴侶，你可以做的只有一件事：愛好自己，奪回自己的尊嚴。

很多所謂「事實」，不過是腦袋想出來的結果，沒想過和想過了，也改變不了現實。

決定了，就去做吧，感受也享受義無反顧的自己。

義無反顧的條件是，你須對自己的言行負全責，還要清楚自己能負擔得起，沒拖累別人。

先重視和尊重自己。寫信、打電話給別人時，請大方自信，堂堂正正地報上名字，別隱形自己，逃避責任或自我低貶，然後埋怨不被重視。

在愛中被欺騙，被傷害，被遺棄，面對傷痛，你可以選擇仇恨，也可以選擇憐憫和祝福，前者讓你浪費正能量，被負面情緒荼毒自己，變成面目可憎，歇斯底里的情緒病患者；後者讓你跳出負能量、重複循環的困局。

不信命，不在乎，自信是你最好的朋友。

一個真正健康、身心透明乾淨的人，除了要有純潔坦白的外觀，還要有潔淨透明的內在，身心靈內外合一，才能散發泰然自若、處變不驚、平靜安定的神髓，感染別人。

在人生逆境中，先讓自己平靜是關鍵，別急於馬上尋求解決問題的方法。在自療路途上，平靜比快樂更重要，因為前者是穩定的心理狀態，後者可以不過是情緒反彈的短暫結果，並不持久。

尋求穩定地流動，是自療的最核心條件。

從最簡單和溫和的呼吸開始平定身心，愛自己，困惱將很快離去。

呼吸就是生命，活著就是幸福。

人需要的家就是這個：和自己的心愛在一起，感到自身的安全和平靜。

愛自己的人面上散發的光芒是騙不了別人的，你會活在平靜、淡定、喜悅中，絕少埋怨，鮮有不滿，沒有太多話需要澄清，說清楚，內心是一片寧靜而有力量的海。

靠近樹，讓人對生命更恭敬，
活得更謙虛。

平靜

給自己留一點餘地，沒必要把自己捏得那麼緊。

沒必要急趕，稍為放慢停一下，活得好一點。

看見淒涼還是溫暖，孤單還是幸福，在乎你心裡有甚麼。

喜歡說話的人，只想聽到自己在講話的人，大都不平靜，無法面對自己。

大清早，看天一分鐘，把心裡的悲喜投射向天空，交給它，謝謝它，笑一個，好好活今天。

多留平靜、不被需要或打擾的時間給自己。你值得的。

可以這樣放鬆自己：到外邊，閉上眼睛，吐氣一口，揚眉一下，微笑一個。爽了。

少聽多餘的電話，少發多餘的短信，少看多餘的電視，多優化呼吸，內斂眼神，別流失不必要的能量。

靜下來令人集中，只能看到自己。我們不敢面對自己，因為我們一直沒有整理過自己，藉向外看自我放任，逃避責任，拖延處理和解決問題。

我們可以和其他人共處，在共處中學習愛，了解自己，關愛別人，但靜心，必須靠和自己共處。

我們每天都洗澡，卻沒有每天清理思想、心態裡的污垢，日積月累，變成壓抑，縱容惰性，形成心結。

讓自己寧靜下來，承擔自己或愚笨或貪慾或懶惰的果，決心為心靈洗禮，你會像重活一樣，變得自由和輕鬆。

替心靈洗禮的條件，正是願意靠近安靜，不再讓身邊的嘈音和內心的雜念混亂一切。

要讓自己活得安然自在，便得學習聆聽周遭不同的聲音，讓它們告訴你它們的故事、它們的存在，別以為世界只有你一個，尤其別只以為世界就是你的思想。

在深刻的無助和悲傷中，最激進的對應方式，莫過於把一切荒謬變成幽默，不然活不下去。

在無助時候，能讓自己好過一點的不是哭泣，而是發笑。難怪，真正品養高尚的人，不會埋怨命運，只會笑走哀愁。一個人時候，放下過多的思慮，享受無言的喜悅，邀請天地自有的無形振頻跟自己的共振，這是最安靜不過的激情。

兩個人在一起，靜默是最深層次的溝通，超越愚笨和間接的語言，讓純粹的呼吸靠近，心靈合一，渾然天成地共振，這是人世間其中一種最不可思議的親密愛。

靜默讓你踏上自我發現的旅程，也因此對世界改觀，以往的執著現在開始看到了，以往的自大和脾氣、不穩定的情緒，現在開始靠向和平，懺悔自己。

靜默讓你脱胎換骨，尊重説話，學會聆聽，人不再浮淺，擁有穩定和內斂的力量。

包容比指責更能讓自己平靜，看到生命最根本的現實：活好、覺知和自愛原是那麼重要。

靜默是一種力量，它是很好的治療師，讓人從混亂歸寧靜，從暴躁到溫柔，從盲目到清明，從埋怨到體諒，從怨恨靠向愛。

愛自己的人面上散發的光芒是騙不了別人的，能活在平靜、淡定、喜悅中，絕少埋怨，鮮有不滿，沒有太多話需要澄清，內心是一片寧靜而有力量的海。

在人生逆境中，先讓自己平靜是關鍵，別急於馬上尋求解決問題的方法。

在自療路途上，平靜比快樂更重要，前者是穩定的心理狀態，後者可以不過是情緒反彈的短暫結果，並不持久。尋求穩定地流動，是自療的核心條件。

抱樹能給人安靜的能量。

靠近樹，讓人對生命更恭敬，活得更謙虛。

抱一棵老樹，把一切煩惱完完全全交給它，換來凜然正氣的愛。

最好的音樂是寂靜，返回平靜的音樂。

石頭能和人心靈溝通，它經歷的比任何一個人都多，它是天地初開的見證，經歷過無數大小風浪。

山和水是一靜一動的陰陽圓融，山有山的聲音，水有水的聲音。

真正懂得甚麼是靜的人都知道，靜是調校的動，而不是死寂靜止。

人可以像海一樣的澎湃和激情，同時也需要回歸樹一樣的慈悲和堅定。

追求靜心是發掘心靈力量的第一步，也是治療各種情緒和壓力症狀的重要關鍵。

我們都誤會了，以為追求寂靜無聲才能讓人安靜，但其實安靜的重點不在「靜」，而在「安」，是回歸自身，調校安心的心態。

人需要搖擺的能量：動靜、喜悲、強弱……平衡搖擺才能協調身心，不能偏向單一。

心的最優化狀態，原是溫柔。

心的安定就是安全感的來源，非由別人身上獲取。

一個安樂的家，最重要的不是成員是誰，單一個人也可以成家。最安全的家絕對不是住宅的價值，而是讓自己安心。

最安全的家，原就是自己的心。一顆安定的心，比一所豪宅更有安全感。

人需要的家就是這個：和自己的心愛在一起，感到自身的安全和平靜。

學習溫柔，就是學習孕育平靜的身心狀態，重返嬰孩時期被愛的體驗。

給自己一刻靜默的溫柔，愛撫舛亂的心，剎那間，一切將不再一樣。

悟性的秘密，原是溫柔。

所謂修養，應是排毒和進補同時並行，問題自會得到解決，因為最大的困局從來在心態，不在外邊。

修養，是培養自己接受你最大的困擾原來自你的心態，不在外邊。

我們要修養自己，才能看穿出現在身邊每個人的緣機和意義。不留人，不拒人，好好相處、分享、關照、關愛，總有得著。

別只看別人走得比你慢，或者害怕別人走得比你快。每個人的修養步伐不一樣，能同步走在一起是很大的緣份。

修行是這個意思：修心養性，在生活中踐行平靜和愛。

修心是從最簡單的生活細節開始，不是走進寺廟或課堂學習得來的那些大道理。修養自己，分享自己的好，少管別人的不是，自能少添雜念，消除痛苦，愛惜生命。

懂得尊重自己，自懂得尊重別人，對別人感恩。

人生最大的修養，若談不上有甚麼貢獻的話，便是沒有為世界帶來不必要的廢物。先做好一個人，先愛你自己，愛你身邊的人，沒有比這更大的愛。

每個人都要對自己的選擇和感受負責任。

修養

愛，本來就是一種修養。

接受一切的發生。

假如時勢無法順你，你先順自己，自我放飛。

我們要修養自己，才能看穿出現在身邊每個人的緣機和意義。

無論發生甚麼，都要善待自己。

修心是從最簡單的生活細節開始，不是走進寺廟或課堂學習得來的那些大道理。

感謝家人讓自己有機會成長，修理自己前世今生的愚昧。

感謝不喜歡自己的人，感謝喜歡自己的人，感謝最終不離不棄、願意自愛的自己。

原諒自己的執著，原諒對方的有限。

狠心一點為修養好生命而自愛，沒甚麼真的放不下。

每個人都要對自己的選擇和感受負責任。

修行是修心養性，在生活中踐行平靜和愛。

修養自己，分享自己的好，少管別人的不是，自能少添雜念，消除痛苦，愛惜生命。

懂得尊重自己，自懂得尊重別人，對別人感恩。

尊重是一種力量，也是一種修養。你能懂得尊重自己，才能被人尊重，也知尊重生命，愛惜地球。

沒有誰比誰有用。

先反省自己，才有資格要求別人。

先學習眼裡不只有自己，才能與世界和睦共處。

你能活得乾淨單純，便能擁有喜悅、滿足和自由。

別只看別人走得比你慢，或者害怕別人走得比你快。每個人的修養步伐不一樣，能同步走在一起是很大的緣份。

一個身心健康、乾淨的人，除了有純潔坦白的外觀，還要有潔淨透明的內心，身心靈內外合一，才能散發泰然自若、處變不驚、平靜安定的能量，感染別人。

假如我們能專注，帶愛地做好自己想做的事，它的能量自會運轉，發放讓世界變得更美好的振頻和訊息，讓靠近的人變得溫柔，地方變得純淨。

人是一無所有地來到世上，能乾乾淨淨地離開是福氣。

人生最大的修養，若談不上有甚麼貢獻的話，便是沒有為世界帶來不必要的廢物。

學習之路人人不同，無須跟別人比較，也沒有非習不可、非修不可的方式。自己上路就是了。

先把最基本的、最微細的事情做好，認真的、謙卑的做好，才有資格看別人的不足。

專心地、純粹地去做一件事，將自己最大的愛傾進去，這是最感動的生命力，過程就是修行。

認真地、虔誠地做好一件事，為一件值得做的事靜靜地奉獻自己和一生，不多想事小事大，是否夠偉大，對社會是否有貢獻，對地球有甚麼作用，這是一種情操，一種修養，智者的修行境界。

愛是願意打開自己，勇敢承擔生命，修成大方和溫柔的旅程。

無人能預設一件事情的果報，憑良心地做，謙虛行動，放下自己，交付大地，你會懂得收放，能成器，到達真正知道自己是誰，要做甚麼，不做甚麼的自如境界。

能放下一切，收斂自我，專注學習，做孤獨的、喜歡的事情，讓另一種能量帶引你走，是往內修養自己，和天地安靜共振的奢侈。

修養，是培養自己接受你最大的困擾原來自你的心態，不在外邊。

先檢閱自己是否能先做到自己要求別人要做的，永遠不要抱著理所當然的心態對待關係。

養生、修補身心靈負能量的關鍵不是對抗身體，而是善待身體。

面對負面資訊，要抱持安詳心態，無須排斥，負能量不會在正氣的身心起作用。

愛的深層意義，是看穿和接受萬事萬物不過是無常和去道德的演變過程。修得Let Be（自然而然）的心態，自能樂天安命。

到底誰才是自己真正需要關心的「敵人」呢？原諒別人真的很難嗎？抑或最難原諒的不過是自己？

當你受到攻擊時，請先謙虛自省三次，是否有意或無意犯了錯。若問題確實不在自身，那就別太放在心上。不用急於解釋，為自己平反，別為他人的負能量影響自己的情緒和能量。

攻擊別人，若不是根本不了解對方，便是反映自身的欠缺，借對方掩飾自己潛藏的恐懼。保持沉默比費勁平反更環保。

很多慈善家都不快樂，因為為善的背後欠缺愛。他們活在欠缺愛的世界裡，對生命失去感動和感恩的心，無法感受別人的感受，作再多的善舉，也不過是借助別人的痛苦消費自己過剩的精神蒼白而已。

做公益不能只給錢，需要表裡合一的修養，在覺悟中自我改善。

當我們說愛地球，愛自己，卻沒注意到真正尊重人和地的細節時，我們不過是分裂的偽善。

讓我們以最大的信、望和愛，義無反顧地向世界分享最正氣美好的能量。

後記

有一種愛叫素黑

李蕾　內地著名電視主持人、作家

素黑寫作專欄二十幾年了。二十年前就有人向我介紹，說她最愛的情感專家叫做素黑。後來我才發現這是一個天大的誤會，素黑寫作的特點，一言以蔽之，她從未寫過愛。

有意思的是為甚麼會有那麼多的迷失男女需要素黑？他們從大陸、馬來西亞、澳洲甚至美國奔赴狹小香港，尋找素黑，為了治療感情上的創傷。各類媒體不斷邀約，希望訪問她，一個記者見過她之後說：這個從頭到腳都是黑色的女子瘦得令人吃驚，看起來脆弱無比，她究竟是誰？除了演講、出書，素黑也開課、辦音樂會，用聲音和靜心傳遞愛，療癒人心。她住在香港，在那個人人走路都像尿急的繁華城市，素黑喜歡一個人，走路，抱樹、吹尺八，她不亂說話，自己煮飯，愛貓和音樂，相信活著是為了呈現比愛情更大的愛。

如果你覺得難以理解，可以去網路上搜索一下，甚麼是比愛情更大的愛？電腦會迅速而花俏地列舉一串答案，例如：愛情交友、一分鐘註冊、一輩子幸福。首席婚戀專家告訴你戀愛必殺技！還有社會新聞：90後女大學生甘做情人，金錢比愛情更大。我不知道要怎樣得意洋洋的人才能發明出這一類答案，他唯一目的就是鼓勵你從泥坑裡爬出來，勇敢地跳進糞坑裡！

這就是刻薄而浮躁的現實，當一個人的愛情出了問題，她會虛弱孤立，難以呼吸，而她一旦開口求助，就會體驗到人類對於愛的無知。素黑是一個外星人，她來到地球，開場白就這樣說：我沒有寫愛情。我只是和你分享如何活好你的性別，做好一個人。這就是素黑式的愛。

我和她第一次見面是在上海。她送我一本書，來錄我的節目，我們聊天，桌上的玻璃瓶裡插著半開的馬蹄蓮。這幾年我們有過一本合作而未能出版的書，有一些msn裡的通話紀錄，有一些共同的朋友傳遞消息，而更多的時間，我們彼此並不問候，甚至不期望際會。

有一次，素黑和梁文道一起給我錄節目。素黑說：我不明白，男人為甚麼要娶女人？我和她就同時轉過頭，看住梁文道。那個男人哈哈大笑，說這真是個好問題，我也不明白。後來那期節目的名字就叫「男人為甚麼要娶女人」。塵世間沒有甚麼比愛情的渴望更強烈了，然而多數時間我們不得不與無法相互理解的人共度此生。在很年輕的時候，我時刻想要愛，但追求愛的方式卻那麼笨拙，我總是一再感受到失去，並且為之憤怒和受傷。有一次我幫外出的朋友照顧她的狗，那是一條脾氣非常壞的小狗，牠需要我，依賴我，但牠氣得我七竅生煙。我拿枕頭打牠，牠尖叫、執拗和瑟瑟發抖。我忽然覺得這就是我啊，在我忘記自己是誰的時候，在我充滿了偏見和局限的時候，我就是這個壞脾氣的笨狗，有誰能承受這樣的愛呢？我把牠抱在懷裡，掉眼淚，與愛情和解，向那個曾經恨過的人說對不起。為了這個時刻，我赤腳走夜路，精疲力竭。如果那個時候我讀過一本素黑，可能會愛得漂亮和爽潔一點。素黑式的愛是我這段經歷的標籤：我們要修養自己，才能看穿出現在身邊每個人的機緣和意義。

是要經歷漫長的修養，我才能夠理解素黑所說的：別勉強要永遠在一起，如果沒有互相提升，沒有感受到幸福，愛只是逃避成長的假象。

有人在微博裡對素黑說：我愛你。她回覆：你不必愛我，愛好你自己就夠了。你看，她的關懷不在大家口口聲聲所說的愛情那裡，她討厭做感情教主，卻是一位好導師，協助你找回本來就屬於你的力量。她並不與人親近，卻對人類和地球懷著深刻的感情。見過她的人往往會產生疑問，她的內心是否太過強硬？她的生活是否真實幸福？她所堅持的那個素黑式的愛，是否真的是每個人都能抵達的層次？

梁文道說，大約二十年前，在香港的大學校園裡，激進青年們都在追逐歐陸思潮，素黑就是這副模樣了，永遠的黑，從頭到腳的黑。只不過，當年的她並不快樂，老是在路過的地方投下一道暗影。然後她消失了一段日子，再回來，就漸漸變成大家所認識的這位素黑了：自在、安定，並且快樂。究竟她身上發生了甚麼事呢？她出走到英國，她在太陽下伸開自己的手掌，感受到陽光實實在在地穿透自己，她在海邊的黑洞裡聆聽聲音，她敲擊榕樹的根鬚，與樹對話。她需要的東西越來越純粹，她在墓地裡看人們如何處理死亡，並為生命本身感動。有人問她：素黑，你有沒有因為傷心而整個晚上睡不著覺？她答：當然，我也是平凡人。不要小看這個答案，它正是自療和自愛的力量泉源。

如果一個平凡人的素黑可以認識自己，**了解愛**，**超越愛**，**那麼你我也能做到**。回到梁文道提出的那個問題：究竟她身上發生了甚麼？我們看到了成長和變化，可她是怎麼做到的？

素黑說：人生有三個問題我們必須自省。一、你到底害怕甚麼？二、你的慾望是甚麼？三、哪裡是出口？

最強大的敵人，不是時間和生死，而是自己。

明知不該做，偏偏做了；明知不該吃，偏偏吃了；明知不該愛，偏偏愛了；明知不該傷害，偏偏忍不住傷害了。我們走壞了幾步，開始找出路，尋求幫助。這不是秘密，素黑也曾經歷過，唯一的不同在於，她發現了愛是修養生命的旅程，她驗證了用更大的愛療癒受傷的愛是可能的。所謂**素黑式的愛，是她指給大家看的那條道路：愛情只是入口，出口是更大的愛**。

我曾經問她：黑也有慾望麼？

她說，慾望本身是複雜的，它不只是片刻的快感，更像一種心癮，你覺得沒有它就活不下去，活得不舒服。其實你活得下去的，只是沒有它你好像就變得空虛了。你沒有一支煙就變得空虛了，沒有一個男人在旁邊就空虛了。所以，她得出了一個令人難以置信的結論：「我們需要愛情，這只是一個思想上的產物。」

你需要，然後才愛，這對浪漫愛情顯然是一個打擊。那麼人為甚麼需要戀愛？

她說：其中一個目的，就是人要修行。其實生命不是一個單獨的你跟我，我們是在共用一些宇宙的資源。但是很多時候，我們都太過自私，以為自己是一個人，所以有太多煩惱。通過戀愛，可以讓我們有機會真的學習怎麼樣去愛，就是你放下自己。這個體驗非常重要，只能從很親密的關係中去學習，比如說父母、有血緣的人、戀人。

你學習你的生命不只是為你一個人而活。其實很多人都怕孤獨，是因為知道一個人根本不自由。兩個人也很麻煩，因為我們不懂得溝通，你跟我有分別，所以兩個人都痛苦。但是如果我們沒有分別心，有平等心，有尊重心，兩個人是比一個人要好的。這不是解決寂寞的問題，不是去彌補孤獨的缺陷，而是因為我希望有一個更高層次的生命的價值和感覺。這已經不是害怕一個人的問題，是因為我可以付出，我可以分享，我可以無條件地去給你我最好的。

這是我們三年前的一段對話。在酒店的房間裡，我們說了太多的話，都有些疲倦。素黑忽然說：我吹尺八給你聽。我說尺八就是中國古人鍾愛的簫，她糾正我，不對，尺八是洞簫的爸爸。素黑的尺八是自己造的，她站起來，臉色蒼白，頭髮特別黑，閃耀著隱約的幽蘭，她的嘴唇緩慢貼近那段竹子的身體，非常非常的性感。

我幾乎已經忘掉了她的性別，她身體的性感，她靈性的古老，聽到她吹響尺八的聲音，就覺得有一個東西往耳朵裡鑽，是癢的，一直癢到腳心，整個人麻酥酥的，就像一粒豆子，一下子長出了根，長出了鬚。

素黑說，這個就是聲音的力量。她看著我，比緩慢更緩慢地說：「蕾，我愛你。」聲音裡充滿震動。她說：人們是先通過大腦去理解「我愛你」，然後把所有「我愛你」的記憶，電視看到的，或者文學裡說過的詞統統都拿起來，變成一個很浪漫的概念，然後你覺得這個重要，你感覺到我是愛你的。這是一個很短的時間就出來的過程，但那個過程是不純粹的，裡面有太多添加劑，並不是當下的。但是如果你真的性感，你真的有愛，你真的從心裡面說出來，那種語言是有力量的。我有力量，你準備好了去接受，馬上就和它融合在一起，這個愛就變成能量的傳遞，我愛你就變成我跟你在某一刻很不簡單的發酵過程。

當我白髮蒼蒼的時候，我會跟別人說，某年某月某日的一個下午，黑坐在一張椅子上，雙腳伸展，靠著一個大枕頭，她說，「蕾，我愛你」，聲音通過某種鄭重的方式來到我的身邊，我一下子就被擊中了。我們真是遭遇了一個太快的時代，甚麼都來不及，情感的表達變得非常不容易，如果你體驗過能量緩慢而美妙的傳遞，大概就會明白愛不是男人或者女人的問題，不是身體和性的事兒，愛是獨一無二的完整存在。

二零一一年，素黑出版了一本新書，《學會愛，超越愛》，我到北京參加她的新書發佈會，她更加清瘦，眼神清澈，肩頭挺直。她站在眾人之間，讓我覺得她已經活了很久，堅定如她愛抱的古樹。

她總是直指人心，說男人承受不了變舊的妻子，只是內心的貪欲。而女人要想得到愛情，第一步先從自愛開始。

而她只是安靜直立，於眾人中吹響古老尺八，如同自己的文字結尾：站高一點，極目張看，沒有自己，只有一起，這是活著的奧秘。

二零一二年三月

假如素黑是一種藥

盧永仁　中港著名財經商界顧問、南華傳媒集團副主席

Not easy to state the change you made.
If I'm alive now, then I was dead,
Though, like a stone, unbothered by it,
Staying put according to habit.
You didn't just tow me an inch, no -
Nor leave me to set my small bald eye
Skyward again, without hope, of course,
Of apprehending blueness, or stars.

- "Love Letter" Sylvia Plath

素黑的文字總令我聯想到Sylvia Plath這位早夭的憂鬱女詩人，她的作品往往被喻為自白之詩confessional poetry，特別是她人如其詩輕輕渺渺的，在短暫的人生中為情愛纏繞不休。

近年素黑在國內很火，似已成為一種現象，也聽過有不少人跟她有過近乎靈異的接觸，她跟有緣人治特別的病：抑鬱的病、感情的病、靈魂的病，一些猶如蘇珊．桑塔格在《疾病的隱喻》說的一種美與惡結合的疾病：「蒼白與暈紅，亢奮與疲倦交錯。」

借用素黑的話：「我不是甚麼人，我只是一面鏡子，讓你看見你自己而已。」

我在劍橋是研究藥理學與遺傳工程學的，總會認為生病就是因為螺旋菌、葡萄菌、念珠菌，必得靠藥物作治療，然而讀素黑的書，幾有羅蘭．巴特《戀人絮語》的感覺，情愛如思辯如疫症，弗洛伊德的萊比多、中國人的費洛蒙。透過她的書，我看到當代最嚴重的惡疾是慾毒是愛菌，中國人於近世將情思慾念規範於唯物主義下，成為精神論、思想論、實踐論、矛盾論，最後連帶自己想要甚麼都已經不再曉得！

素黑所述「我只是一面鏡子」，正是心理學大師Charles Cooley提出的「鏡中自我」(Looking-glass Self)，又或是拉康繼續發展出來的「鏡子階段」，自我是認同於鏡像的結果。中國人的鏡花水月，自我都是根據別人的投射而來，理解的自我其實都源於一個虛像：心源於物、意形於像。

今天中國人的感情是千瘡百孔，充滿了不安與焦慮，道德的吊詭令人產生不安、價值觀的崩離形成焦慮，我以為許多現代人自以為彌患了情愛的憂鬱症，其實或多或少都是一種「疑病症」(Hypochondriasis)，電視上的相親節目、微博上的愛情教主、還有數之不盡的愛情極客，到底是先出現了紛繁的藥方才出現疾病，抑或是真正彌患了疾病才需要對症下藥？

希臘醫學之父希波克拉底認為人的疾病都是由於體液失衡所至，這跟中國自古以來的經脈氣血失調生出病來冥冥相通，希波克拉底說：人的身體有過多的黑膽汁就會形成憂鬱的個性。Melanos「黑」加上Khole「膽汁」，正是今天共識的憂鬱Melancholy。

現世文明教我們瘋狂地累積、病態地攫取，來填補心靈上巨大的空洞，性與慾望、物質與渴求，造成人性的裂變，素黑是療治這個時代的一種藥，她的千金方是放下、是自愛。現世疫病在於太多人愛非所愛，錯愛的是形體、錯愛的是精神、錯愛的只是對方身上某一條染色體。

隨著素黑的文字去思考、去流浪，得到了一顆平安歸家的心。然後，在不知不覺中，學會了愛自己、愛人，也為了那種淚中帶笑、笑中有淚的反思，知道了珍惜和感恩。

二零一二年六月

盧永仁博士簡介：

中港著名財經商界顧問，畢業於英國劍橋大學，藥理與遺傳工程學專家，曾在麥肯錫公司、香港電訊、花旗集團、聯通集團等國際企業任職，現任南華傳媒集團副主席。近年多參與慈善事業，現為高錕慈善基金及香港弘立書院董事、香港特別行政區太平紳士。曾被《世界經濟論壇》選為一百位未來環球領袖之一。

印象素黑

素黑的文字讓我有了力量，
明白我真正不能面對的，
其實是自己。

——秋日

素黑一段文字的道理，
我卻花了三年時間才體悟到，
是我太笨還是你太聰慧？

——Aisu

素黑老師的文字有種安靜的力量。

——cherrybomb

素黑的書值得一看！
哲思、禪悟、直達內心的強大。

——財經地產觀察

前天分手，沉淪了兩天，
今天偶然翻看素黑的書，
清醒了許多，現在感覺好自由，
原來我從來都沒有真正了解愛情，
自愛是愛的入口。

——yanrui12

素黑的書不僅教會了我愛是甚麼，
如何去愛，
更重要是，
她教會了我如何去經營生活，
如何更好地去完善自己的人格。

——魏子妞

第一次沒有被文字欺騙，
第一次，一字一句全是自己。
謝謝素黑，
沒有你無聲的陪伴，
我走不到今天。

——Stefanie

素黑讓我知道，
唯有自愛才是最好的出路。

——新浪網友

素黑所帶給我的不僅僅只是一本書，
而是傾聽自己的鑰匙。

——Startooll

第一次發覺愛是修行，
以前的我太自私，
愛得太狹隘了。
愛是一種自我修養的提升，
試問天下有多少人懂得愛的涵義呢？
但素黑，她做到了。

——catchacold

我真的很幸運和素黑生在同一時代，
可以讀你的文字，
感受愛的力量。

——睡夢中的旅行

素黑讓我感受大氣和從容。

——瀟瀟

素黑，一個奇女子，
用文字來治癒人心。
失戀也好，
熱戀也罷，
我們都離不開她的文字。
她似乎有一種神奇的力量，
能將我們的煩惱趕走，
帶來一股清新的風。

——chunqixi

我在素黑的文字中看到自己，
感受自己，
更多是關愛自己。

——Kan Wan

素黑的書，
總是給人力量。
是素黑告訴我，
對過去所發生的一切充滿感恩，
感謝一生有機會這樣的愛。
看了素黑的書，
我真正放下了，
獲得靈魂的自由。
不是為了他，
而是為了愛我自己。

——東籬6663

每次讀素黑的文章便長大一點點。

——米蘇提藍

一直喜歡素黑的書，
簡約裡透著哲理，
看過之後會懂得反思，
其實很多時候，
人只是看不透，
或者捨不得看透而已……

——韋寒

素黑的每篇文章都很經典，
說中常人煩惱中的要害。

——可愛的丫

素黑有三毛的傳奇，
卻遠比三毛堅強健康。

——心不死

好多讀者滿懷誠意喜歡素黑的文章，
不僅是因為借著讀她而看到自己，
更多的是，
喜歡她面對生活的心態和勇氣，
這給了我很大的力量，
追尋自己所喜歡的生活方式。

——秋末冬至

躺在床頭開始讀素黑的書，
昨日的憤怒悲傷彷彿都沉底了，
心裡是一片安靜。

——Jace

遇上素黑才發現了自己。

——靜安笑

好好愛自己

第二回

Love Yourself Better 2

作者　素黑

責任編輯　寒靜街

美術設計　江田雀@peter-bird.com

封面/封面內頁攝影　胡玲玲

封底內頁攝影　鍾有添

內文黑白攝影　素黑

出版者

知出版社

香港英皇道499號北角工業大廈18樓

營銷部電話：(852) 2138 7961

網址：http://www.formspub.com

發行者

香港聯合書刊物流有限公司

香港新界大埔汀麗路36號

中華商務印刷大廈3字樓

電話：(852) 2150 2100

傳真：(852) 2407 3062

電郵：info@suplogistics.com.hk

承印者

中華商務彩色印刷有限公司

香港新界大埔汀麗路36號

出版日期

二零一二年七月第一次印刷

二零一二年七月第二次印刷

二零一三年一月第三次印刷

ISBN 978-988-8137-88-6

Published in Hong Kong

上架建議：

(1)兩性情感 (2)心理勵志 (3)流行讀物

知出版社

COGNIZANCE PUBLISHING

素黑「愛自己」心語卡

留一套給自己
送一套給親愛的人
能分享是更大的愛